経済学者の勉強術

いかに読み、いかに書くか

Masahiro Nei
根井雅弘

人文書院

経済学者の勉強術　目次

経済学者の勉強術——いかに読み、いかに書くか

プロローグ――清水幾太郎先生のこと

もうずいぶん昔になったが（まだ大学生になる前だったと思う）、ある日、社会学者の清水幾太郎（一九〇七―八八）から一冊の本が献本されてきた。突然のことで内心驚いた。もちろん、私はそのころ清水先生（私にとっては恩師の一人なので、先生と呼ばせていただく）の本に魅了されて、ファンレターのようなものを封書で送ったことはあった。読んだ本とは、『現代思想（上・下）』（岩波書店、一九六六年）、『倫理学ノート』（岩波書店、一九七二年）、『戦後を疑う』（講談社、一九八〇年）など数冊である。いまは個人情報にうるさくなったので、事情は違うだろうが、当時は有名人の住所は『朝日年鑑』の人名録をみれば載っていた。私はそれで住所を調べて手紙を書いたはずだ。手紙とはいっても、先に挙げた本の感想文のような文章で、それほど目を見張るような内容が含まれていたとは思えない。

ところが、先生の訳書であるE・H・カーの『歴史とは何か』（岩波新書、一九六二年）に添えられた手紙を読むと、「あなたのような若い読者がいたのを知ったのはとても嬉しかった。一体、どういう勉強をして私の本に辿り着いたのか？　機会があればぜひ私の研究室を訪ねてほしい」というような趣旨のことが書かれてあった。

それから数カ月後、怖いもの見たさで、野口英世記念会館（新宿区大京町）にある研究室を訪ねることにした。ほんの挨拶程度で辞去するつもりが、いつの間にか、数時間も話し込んでいた。私は清水先生と違って社会学ではなく経済学を専攻するつもりだったが、社会学も経済学も社会科学の一部門だから、相互に交流はある。例えば、社会学者のオーギュスト・コントと経済学者のジョン・スチュアート・ミルの間には一時交流があったし、経済学者のヨゼフ・A・シュンペーターの著作目録には幾つかの社会学の論文があった。例を挙げれば切りがない。しかし、私が清水氏に質問したかったのは、もっと単純なことだった。「なぜ先生はこれほど広い分野の学問に通じ、膨大な著作や翻訳などを量産できたのか？」と。

考えてみれば、つまらぬことを訊いたものである。そんな質問に簡単に答えられるはずはない。清水先生もちょっと困った顔をしていたが、ポツリと一言。「必要に迫られてやってきたんだ」と。
多少は先生の本を読んでいたので、東大（戦前だから東京帝国大学というべきか）の文学部社会学科を卒業したあと、数年「副手」をつとめたものの、事情があって大学を追われ、フリーの物書きをしていた時期があったことは知っていた。しかし、本人の口から聞く言葉は、本の「略歴」とは違った重みがある。

「大学を追い出されたとき、物書きとして食べていかねばならなかったが、依頼される文章は誠に多様で、専門の社会学に関係があるかなどと考えている余裕はなかった。アルバイトでアメリカの児童心理についての本を読んで文章を書いたことがあるが、これは後に『社会心理学』を書くときに実に役に立った。こんなふうに必要に迫られてやったことなのだ。」

清水先生はおおよそ右のようなことを語ってくれた。語り出せば、もっとたくさんあっただろう。実際、そのような思い出は、のちにも何度か聞く機会があった。しかし、初対面でこれだけのことを「若造」に語るだけでも、破格の厚遇をしてくれたといってもよい。

清水先生は、六〇年安保闘争に敗れたあと、書斎に戻り、『倫理学ノート』を頂点とする物書きに専念し、それからまもなく『戦後を疑う』のような「保守派」の論客として論壇に再登場していたが、少なくとも私に対する態度や言葉遣いは誠に「リベラル」で、世間の評判とは違っていた。実は、世の中に「リベラル」で通っている学者や評論家のほうこそ、対人関係では「権威主義的」で全く「リベラル」ではない、という経験を何度か味わったけれども、そのことは措いておく。

さて、大学生になってみて、教養課程で社会科学に関係する学問の講義を受けてみたが、正直にいえば、どの教授も清水先生の学識には遠く及ばない人たちばかりだった。しかし、社会学の某教授が、社会現象を解明するのに、例えばシュンペーターの「企業家」のように個人の行動（具体的には、イノベーションのことだが）に注目する方法と、デュルケムのように個人の「外」にあるものがその個人の行動や考え方を規定するという方法とを対照して話したことがあった。「この前、こんな講義があった」と清水先生に話したら、「それは初学者にはなかなかよい講義ではないか」という感想を漏らしたことがある。

シュンペーターは、後の章で取り上げるように、以前から主著『経済発展の理論』に親しんである程度の知識があった。しかし、社会学は、先生の『オーギュスト・コント』

（岩波新書、一九七八年）や大塚久雄の『社会科学の方法』（岩波新書、一九六六年）でコントやウェーバーなどの偉い学者がいたくらいの知識しかなかった。

「昔は、デュルケムの発音の仕方もいろいろいう人がいたものだ。ドイツ流にデュルクハイムなんて発音する人もいた。名前の読み方などは本質的なことではないのだが。」

それから、先生は、『社会学講義』（岩波書店、一九五〇年）を書いたときの話を一時間くらいしてくれた。コントの「総合社会学」と、ジンメルの「形式社会学」の区別も、なるほどと思った。その後、古本屋で『社会学講義』を手に入れて勉強してみたが、まもなく清水先生は、コントだけでなく、ジンメルやウェーバーの作品の幾つかも翻訳していたのだった。恥をかいてしまったが、次に会いに行くときは、デュルケムの『自殺論』『社会学的方法の規準』や、ジンメルの『社会学の根本問題』を読んでいったので、少しは自分も進歩していた。というように、清水先生は、具体的に何を読めとは決して言わないのだが、話してみれば、自分にどういう読書が必要か、おのずとわかった。先生はそんな私を暖かい眼でみてくれた。

こんなことを書くと、私の読書体験がいかにも順調に進んだかのように受け取られる可能性があるが、話はそれほど単純ではない。しかし、それを語るには、私がもっと幼かった頃に時計の針を戻さねばならない。清水先生には、またあとで再登場してもらうことにしたい。

第一章　好きな著者に親しむ

数年前、歌人の松村由利子さんが『少年少女の文学全集があったころ』（人文書院、二〇一六年）と題する本を書いて、かつて文学少年や文学少女だった世代の間で評判になったことがある。残念ながら、私は文学少年ではなかった。その本に取り上げられた本の大部分は読んだことがなかった。では、何を読んでいたかと言えば、確かに記憶にあるのは新聞である。毎日、新聞を読むようになったのは、亡くなった祖母が居間でよく新聞を読んでいるのを眺めていたからである。自然と私も新聞を手にとるようになった。幼いながらも、同じ年ごろの学友よりは世の中の動きを知るようになった。だが、本を読む楽しさがわかるようになるまでには、さらに時間がかかった。

梅雨の時期だったか、風邪をひいて数日寝込んだことがあった。その二日目に、珍しく父が私のために二冊の本を買ってくれた。「寝てばかりもつまらないだろうから、これでも読んでみてはどうか」と。一冊は山本有三の『路傍の石』、もう一冊は『野口英世』の伝記だった（たぶんジュニア用の本だろうが、出版社や著者は忘れてしまった）。

せっかく父が買ってくれたので、機嫌のよいときに本を手にとったが、『路傍の石』は途中で眠気が来て読破できなかった。しかし、『野口英世』は面白かった。細菌学のことはわかるはずもなかったが、不遇な少年時代にもめげず、のちには世界的な医学者になるまでの物語には本当に感動した。自分には小説（フィクション）よりも伝記（ノンフィクション）のほうが向いていると直感した私は、立て続けに世界の偉人伝を読んでいった。フィクションの面白さがわかるのはまだ先だったが、中学生の頃には新聞で評判になっているノンフィクションはたいてい読んでいたと思う。

渡部昇一『知的生活の方法』

何時のことだったか、渡部昇一（一九三〇‐二〇一七）の『知的生活の方法』（講談社現代新書、一九七六年）を手にとった。ベストセラーになっていたから、発売後まもない頃だったのか。読んでみて、とても面白かった。渡部氏は、歳をとるとともに、次第に保守系のメディアでの活躍が増えていったので、敬遠する向きもあるだろうが、『知的生活の方法』を書いた頃はユニークな評論活動をする英語学者という評価が定まっていた。『知的生活の方法』のなかで鮮明に覚えているのは、自分の稼いだお金で本を買い続けることがいかに重要であるか、財力の差はいかんともしがたいが、自分の蔵書が少しずつ確実に増えていくことが「知的生活」のためには必須の要件であると強調されていたことである。まだ中学生だった私には稼ぎはなかったが、母が本代には惜しみなくお金を使ってくれたので、本棚の本も少しずつ増えていた。「よし、自分で稼げるようになったら、好きなだけ本を買おう」と思ったものだ。それだけは今でも実践しているから偽りはない。

『知的生活の方法』には、渡部氏にとって忘れえぬ教師として、旧制中学時代のS先生のことが書いてあった。それを読んだときには、私にはまだ恩師と呼べる教師はいなかったが、はじめに触れたように、数年先に清水先生と出会うことになった。渡部氏は、S先生がふと漏らす言葉から大きなヒントをもらうことがあったようだが、清水先生のことを思い出してみても、恩師とはまさにそのような人だとしか言いようがない。S先生に出会えた渡部氏は幸福だった。清水先生とご縁のあった私もまた然りである。

『知的生活の方法』が割と面白かったので、渡部氏の他の本も読んでみようと思った。

大きめの書店で、同じ講談社現代新書から出ている『日本語のこころ』(一九七四年)という本を見つけた。これもまた面白かった。和歌のことはほとんど何も知らなかったが、『万葉集』に収められている和歌の作者には、当時の上流階級ばかりでなく名もなき庶民まで含まれている事実に鑑みて、「和歌の前での平等」という思想があったはずだという指摘にはなるほどと思った。和歌そのものの批評であれば、途中で投げ出しただろうが、「和歌の前の平等」というユニークな視点があったので、最後まで読み通せた。

こうなると、同じ著者の他の本も気になりだした。数冊は読んだと思うが、そのなかでもとくに面白かったのは、『ドイツ参謀本部』(中公新書、一九七四年)である。英語学者が語るドイツ史というのも珍しいなと思ったが、ビスマルクとモルトケに焦点を合わせたドイツ参謀本部の組織論として異彩を放っていた。

今から振り返ると、気になった著者の本は、意欲がある限り他にもとことん読んでみたほうがよいと思う。取り扱っているテーマは何でもよい。私はとくに日本語やドイツ史を専門に勉強しようと思って読んだのではなかったが、英語学者でもなにか一つのテーマに関心をもって、ひとつひとつ文献を読んでいけば、専門分野以外の本が書けるくらいの学識を手に入れることができることを学んだ。その点では、それを教えてくれた渡部氏には感謝している。

経済学への目覚め

さて、その頃、学校で私の得意科目といえば、英語と数学であった。他の科目も不得意ではなかったので、成績はほとんど一番ばかりだった。こういうことは本当は書きたくないが、私の読書論を語るには少し触れないわけにはいかない。十代というのは一生で最も記憶力のよい時期である。英語の単語や数学の公式などは一度見たら忘れたことはなかった。他の生徒が英文法の初歩を学んでいるとき、私は英文法と英作文の大学受験レベルの参考書を読み終え、うちでは英字新聞を読んでいた。数学は教科書はやさしいので、どんどん上のレベルの参考書をひもとき、さらには、L・ホグベン『百万人の数学（上・下）』今野武雄訳（筑摩叢書、一九六九年、一九七一年）、R・クーラント、H・ロビンズ『数学とは何か』森口繁一監訳（岩波書店、一九六六年）などを読んでいた。他の生徒が因数分解を習っているとき、私は微積分や行列式などを理解していた。もっとも、いま数学オリンピックに出るような生徒たちの数学力に比べれば「初歩の初歩」に過ぎない。それでも、ふつうの生徒たちよりははるか先を行っていた。

自分が何になりたいのか、まだはっきり決めていなかった。周囲に医者や弁護士になりたいと公言していた生徒もいたが、病院は好きになれないので医者はノー、弁護士にはちょっと関心があったので、当時の司法試験の案内というべき、向江璋悦『法曹を志す人々へ』改訂版（法学書院、一九七六年）を手にとった。司法試験の制度（とくに試験科目）は旧制度の下でも少し変更があるが、私がその本を読んだ頃は、まだ教養選択科目（経済原論、心理学、政治学、社会政策、経済政策、会計学、財政学）から一つ選ばなければならなかった。基本六法の話は、私には退屈に思えた。しかし、教養選択科目のなかの経済原論は面白そうだった。

さっそく書店へ行って経済学のコーナーを探した。千種義人『経済学入門』改訂版（同文館、一九七八年）と熊谷尚夫『現代経済学入門』（日本評論社、一九六〇年）の二冊を購入して帰った。前者は慶應義塾大学での講義を下敷きにしていたが、経済学の基礎を丁寧に解説した教科書として定評があった。入門段階でこれだけの知識が身につけば申し分ないと思う。

だが、より印象に残ったのは、熊谷氏の『現代経済学入門』のほうだった。あとで知ることになるが、熊谷氏はJ・R・ヒックスの『価値と資本』の翻訳者の一人であり（もう一人は安井琢磨）、『経済政策原理』（岩波書店、一九六四年）や『厚生経済学の基礎理論』（東洋経済新報社、一九四八年）などの名著で知られた学界の大家だった。私が感心したのは、教科書であるにもかかわらず、全体にわたって参考にした英語や日本語の専門書が注釈にきちんと書き込まれていること、小さな本のなかにミクロ経済学やマクロ経済学の急所が丁寧に解説されていること、そして巻末の文献案内が充実していることである。初学者相手の教科書でここまで厳密に書いている学者は数少ない。模範にすべきだと思った。

例によって、熊谷氏の別の本も気になったので、当時まだ流通していた『近代経済学』新訂版（日本評論社、一九七二年）も読んでみた。こちらは、マルクス経済学への対抗心が行間に読み取れる特徴のある本だったが、ミクロやマクロを『現代経済学入門』よりはややレベルアップして解説していた。注釈も充実しており、好感をもった。

司法試験の案内のつもりで買った本から、経済学の世界に惹き入れられるとは夢にも思わなかったが、経済社会の基本メカニズムを論理的に解明しようとする経済学という学問は、基本六法よりはずっと面白いのではないか。これを受験科目の一つにするというのは、もったいない。もっと経済学の世界を深く知りたいという欲求が強くなった。同時に、学問の基本である「読む」「書く」能力をもっと意識した勉強の仕方をしなければならないと思った。おぼろげながらであるが、資格試験や公務員試験を受けて専門職や公務員を目指すのではなく、特定の学問を一生の仕事にするほうが自分に向いているのではないかと。それが経済学になるかどうかはまだ確信がもてなかったが、有力な選択肢の一つになった。

清水幾太郎先生と出会う

そんなときに出会ったのが、清水先生の『論文の書き方』（岩波新書、一九五九年）と『本はどう読むか』（講談社現代新書、一九七二年）の二冊だった。『論文の書き方』はいまでも岩波新書のなかでも最も売れているベストスリーに入っている名著である。先生も言っているように、ここで「論文」というよりは「知的散文」に近いが、私は「アカデミック・エッセイ」と呼ぶことにしている。清水先生はアカデミック・エッセイを書かせたら右に出る者はいないくらいの達人だったが、『論文の書き方』に出てくる具体的なアドバイスのなかで後々まで気をつけるようにしているのは、「日本語を外国語として取扱おう」と題された第Ⅳ章である。私はこの章を自分なりに次のように解釈して実践してきた。――母国語（母語）だといって日本語は曖昧に書いてはならない。いつでも英語にしたらどうなるだろうか、ということを考えながら書く。小説家の文章ではなく「アカデミック・エッセイ」なのだから、英語にもならないような日本語なら、もとの文章に曖昧さが残っているからだ。そのときは文章を練り直さなければならないと。

『本はどう読むか』は、清水先生の読書術というべきものだが、「蕎麦を食うように一気に読め」の箇所は、たぶん万人には当てはまらないだろう。例えば、私はスピード感をもって読んでよい本と、時間をかけて丁寧に読む本を区別している。前者はエッセイのようなもの、後者は古典的名著に近いものだ。清水先生は、たしかに、専門の洋書でもかなり速いペースで読んでいたが、これはすべての人が真似できる芸当ではない。本によって読むスピードが多少変化してもよいと思う。

先生は関東大震災や戦災で蔵書を一気に全部失う経験を何度かしていたので、一部の学者が稀覯本や装幀の美しい本などを収集していることには全く関心を示さなかった。「自分は本を雑巾のように使う」が口癖だった。蔵書には下線もあれば書き込みもあり、古本屋に売ったとしても高い価格はつかないような本が大部分だったが、その代わりに、その本を執筆に使うときは、メモ代わりの下線や書き込みが役立っていたに違いない。本の読み方は人それぞれだ。

『論文の書き方』や『本はどう読むか』を読んでみて、この著者はとてつもない学識の持主だと直感した。略歴をみると、たくさんの著者があったので、書店や古本屋で『現代思想（上・下）』（岩波全書、一九六六年）、『社会心理学』（岩波全書、一九五一年）、『倫理学ノート』（岩波書店、一九七二年）を購入し、さっそく読み始めた。もうずいぶん昔の本になってしまったが、一言でいえば、学問とジャーナリズムの交差する世界を独自の切り口で語った傑作だと思った。もちろん、社会学や経済学を当時よりは知っている現在からみれば、幼稚な理解であったかもしれない。だが、「学界」と「ジャーナリズム」は別の世界だと思っていた十代の私には、両方に問題提起できる学者がいることが驚きだった。そのような「驚き」がなければ、著者に「感想文」を送ろうなどとは決して思いつかなかったに違いない。その感想文が、はじめに述べたように、私と清水先生とのご縁につながったのである。

シュンペーターを知る

だが、不思議と将来は清水先生のような社会学者になりたいとは一度も思わなかった。社会学はすでに先生によって「開拓」されつくしていたと単純に考えていたのかもしれないが、自分はすでに経済社会のメカニズムを論理的に解明する経済学に傾斜していて、決してぶれることはなかった。だが、経済学を一生の仕事にするという意思を固めるには、もう少し勉強が必要だった。

経済学の入門段階の知識は修得したとはいえ、まだ上級の経済理論の世界があることはわかっていた。そのための勉強はある程度時間をかけて進めなければならない。それと並行して、気になり始めたのは、経済学という学問の歴史である。アダム・スミス、カール・マルクス、ジョン・メイナード・ケインズといった大物の経済学者は、岩波新書から啓蒙書が出ていたので、すぐに手に入った。だが、産業革命前夜から現代に至る経済学の通史を一度読んでみたかった。数冊読んでみたが、簡潔によくまとまっていたのは、リチャード・T・ギル『経済学史』久保芳和訳（東洋経済新報社、一九六九年）で、網羅的ではなかったが、岡田純一『経済思想史』（東洋経済新報社、一九七〇年）も参考になった。とくに、後者は参考文献が広く紹介してあったので、その後の勉強にも役立った。早い時期から、経済学の古典を直にひもとく重要性をわからせたくれたことに感謝している。そして、経済学史の勉強を通じて、ひとりの経済学者の存在がとくに私の注意を惹き始めた。オーストリア出身で、ヨーロッパで活躍したあと、一九三〇年代からアメリカのハーヴァード大学で死去するまで教鞭をとったヨゼフ・アロイス・シュンペーター（一八八三一九五〇）である。

気になったものは徹底的に調べるというのが私の癖だったので、シュンペーター理解に必要なものは書店にあるだけ買ってきた。幸い、『経済発展の理論』第二版（一九二六年）の新訳が岩波文庫から出ていた（塩野谷祐一・中山伊知郎・東畑精一訳、上・下、一九七七年）。解説書には、伊達邦春『シュンペーター』（日本経済新聞社、一九七九年）があり、文庫の棚には、中山伊知郎『わが道　経済学』（講談社学術文庫、一九七九年）もあった。それと大事なことだが、第一学国語がドイツ語だった清水先生がコントを読むためにフランス語を勉強したように、私もシュンペーターの初期の傑作を原語で読みたくて、ドイツ語の入門書を購入した（どの本か記憶が定かではないが、著名な関口存男氏が書いた本ではなかったか）。

伊達氏は、シュンペーターに心酔した経済学者で、当時は早稲田大学政治経済学部教授をつとめていた。『シュンペーター』は、初学者向けにシュンペーターの言葉からの引用をたくさんはさみながら書かれていたが、生涯の記述は主にドイツ語の本（シュンペーターのボン大学時代の弟子、エーリヒ・シュナイダーが書いた、*Joseph A. Schumpeter: Leben und Werk eines großen Sozialökonomen*, 1970）に依拠していた。私は日本橋の丸善からその本を取り寄せてもらい、ドイツ語の勉強にも使った。いわゆる「一石二鳥」である。

このような準備があったので、『経済発展の理論』は、特別の困難なく読み通すことができた。だが、これは日本語訳なので、本当の意味で読んだとは言えない。ドイツ語版（*Theorie der wirtschaftlichen Entwicklung*、初版は一九一二年の出版だが、いま主に流通しているのは一九二六年の第二版）も取り寄せたが、まだそれを読み通すにはドイツ語力が足りなかったので、ときに英訳（訳者はR・オピー、一九三四年刊）を参照し、なんとかシュンペーターの思考についていこうと努力した。このような勉強は誠に有意義であった。いまでも重要な箇所はすべて原文で頭に叩き込まれているが、最近の学生はドイツ語はおろか英語で簡単に手に入る古典でさえ読んでいない。嘆かわしいことだ。

中山伊知郎（一八九八－一九八〇）は、一橋大学の教授や学長をつとめた学界の大家だったが、若い頃は、シュナイダーと同じくボン大学時代のシュンペーターに師事し、帰国後は黎明期にあったわが国の理論経済学の発展に尽力するとともに、シュンペーターの主要著作の多くの翻訳にかかわった。たまたま学術文庫の棚に置いてあったので買って帰ったのだが、それまでシュンペーターの原典解読に集中していたせいか、改めて「シュンペーターの魅力は何か」と問われたとき、日本人の愛弟子から出てきた言葉に思わず相槌を打った。そして、いまだに、彼の不思議な魅力にとりつかれているともいえるかもしれない。

「……それはそれとして、この書の魅力はいったいどこにあるのか。ひとことで言えば、それには人間が出てくると答えることができる。経済学はもともと人間の研究だと言ったのはマーシャルであった。しかしマーシャルの場合は初めに人間が出てきて、それが次第に財の世界の中に消えていく。シュムペーターの場合は逆である。静態的な循環の世界はまったく財と財との交換における相互依存関係である。背景にはもちろん人間がいるのだけれども、彼らはいっこうに前面に出てこない。ところが発展の理論になるとその人間が生き生きとして出てくる。

発展という機能は、むずかしく言えば生産用役の有利な転用ということであるが、この機能を果たすのは企業者という人間で、その人間が現実に発展という役割を担当する。発展というのは、この主役があって初めて出てくる現象である。

もちろん静態的循環にも人間はいる。しかし、これらの人間の経済に対する態度はすべて消極的で、その本質は適応である。ただひとり創造的な革新の主人公としての企業者にだけ、積極的な発展の活動がある。循環と発展という二つの過程は、その意味では二つの人間の型の問題であり、人間がその周囲の変動に対する態度の違いの問題である。経済現象をになう人間の問題は、発展のにない手としての企業者の出現によって全体的に明らかにされると考えてもよい。この書の邦訳に熱中していたころ、三木清君がこれを読んで、初めて人間の出てくる経済学に出会ったと述懐したのには理由があるのである。」（『わが道　経済学』講談社学術文庫、一九七九年、三二―三三ページ）

大学生になる

大学生になった（早稲田大学政治経済学部経済学科）。引き続き、ミクロ経済学やマクロ経済学、そして先端理論の理解に必要な数学の勉強を続けていたが、やはりシュンペーターのことは気になっていた。シュンペーターは、経済学の歴史の中で最も偉大な三人はみなフランス人で、具体的には、フランソワ・ケネー、A・クルノー、レオン・ワルラスの名前を挙げていたという。今度はフランス語の勉強が必要になった。この三人のなかでは、ケネーとワルラスに関心があったので、フランス語の勉強をつづけながら、折に触れて少しずつ関連文献を読んでいった。

清水先生の研究室にもときに呼ばれて通っていた。中山伊知郎の話をしたら、先生も戦前に出た中山の『純粋経済学』（一九三三年）を読んだという。先生はあまり数学は好きではなかったが、「あの本は数学は後ろの付録にまとめてあった」と昔を思い出しながら語った。その通りである。ケネーとワルラスの勉強をしているというと、「それはよいが、どこが面白いのか？」と逆に訊かれた。勉強した限りの知識で一通り答えてみたが、ケネーの面白さはよく伝わらなかったものの、ワルラスの話は面白そうに聞いていた。私は、そのころ読んでいたM・ボゾンの *Léon Walras, fondateur de la politique économique scientifique*（一九五二）をもとに、純粋経済学以外のワルラスの仕事（応用経済学、社会経済学）を紹介した。ワルラスがみずからの思想を「科学的社会主義」と名づけていたことは、私が大学生になった一九八〇年代には専門家の間ではよく知られていたし、少数ながら内外に研究書もあった。清水先生は、ワルラスがコントの「実証哲学」の影響を受けているというボゾンの指摘に関心を示したが、総合社会学との対比でワルラスの一般均衡理論（今日でいえば、ミクロ経済学）を理解してきた先生にとって、そのような解釈は思いもよらなかったのかもしれない。

漱石

ちょっと経済学の話が続いてしまったので、趣味の読書について脱線してみよう。前に、フィクションよりはノンフィクションのほうが自分に向いていたと書いた。いまでも、基本的にはそうだが、歴史が好きだったので、フィクションでも歴史小説なら自然と入っていけた。ファンなら誰もが読んでいる司馬遼太郎、藤沢周平、池波正太郎、等々の歴史小説は、スケールの大きさや市井の人の扱い方がそれぞれ異なっているので、代わる代わる読んだものだ。ところが、早稲田のキャンパス内でその類を読んでいたとき、いままで全く気にならなかったことに気づいた。ここは明治の文豪、夏目漱石の邸宅があった神楽坂に近いのではないかと。漱石の小説やエッセイは、国語の教科書にも採り入れられていたので読んだことはないとは言えないが、やむにやまれず読んだというわけではない。だが、自分の足が神楽坂方面に動きだしたとき、小説でもエッセイでも、漱石の書いた物をもっと読んでみようと思った。

小説よりも先にエッセイや講演集を読み漁った。いずれも面白かった。ちょうどシュンペーターを勉強していて、「創造型」と「適応型」の人間類型の違いが頭に入っていたので、漱石の「模倣と独立」（一九一三年）がとくに参考になった（漱石の作品はパブリック・

ドメインに入っているので、青空文庫から引用する)。漱石は「模倣型」と「独立型」を完全に切り離しているわけではなく、ひとりの人間の中に両方の要素があると言っているが、これからの日本には「独立」が大事になると訴えている。

「それで人間というものには二通りの色合があるということは今申した通りですが、このイミテーションとインデペンデントですが、片方はユニテー——人の真似をしたり、法則に囚われたりする人である。片方は自由、独立の径路を通って行く。これは人間のそのバライエテーを形作っている。こういう両面を持っているのではありますけれども、先ず今日までの改正とか改革とか刷新とか名のつくものは、そういうような意味で、知識なり感情なり経験なりを豊富にされる土台は、インデペンデントな人が出て来なければ出来ない事である。もしそれが出来なかったならば、われわれはわれわれの過去の歴史を顧みて如何に貧弱であるかということを考えれば、その人は如何にわれわれの経験を豊富にしてくれたかということが能《よ》く分るのであります。その意味でインデペンデントというものは大変必要なものである。私はイミテーションを非難しているのではないけれども、人間の持って生れた高尚な良いものを、もしそれだけ取り去ったならば、心の発展は出来ない。心の発展はそのインデペンデントという向上心なり、自由という感情から来るので、われわれもあなた方もこの方面に修養する必要がある。そういうことをしないでも生きてはいられます。また自分の内心にそういう要求のないのに、唯その表面だけ突飛なことを遣《や》る必要は無論ない。イミテーションで済まし得る人はそれで宜しい。インデペンデントで働きたい人はインデペンデントで遣って行くが宜しい。インデペンデントの資格を持っておって、それを抛《ほ》って置くのは惜しいから、それを持っている人はそれを発達させて行くのが、自己のため日本のため社会のために幸福である。こういうのです。」

また有名な「私の個人主義」（一九一四年）と題する講演では、「個人主義」という言葉が誤解されないように何度もかみ砕きながら、真の個人主義の確立を訴えている。

「今までの論旨をかい摘んでみると、第一に自己の個性の発展を仕遂げようと思うならば、同時に他人の個性も尊重しなければならないという事。第二に自己の所有している権力を使用しようと思うならば、それに附随している義務というものを心得なければならないという事。第三に自己の金力を示そうと願うなら、それに伴う責任を重じなければならないという事。つまりこの三カ条に帰着するのであります。

これをほかの言葉で言い直すと、いやしくも倫理的に、ある程度の修養を積んだ人でなければ、個性を発展する価値もなし、権力を使う価値もなし、また金力を使う価値もないという事になるのです。それをもう一遍云い換えると、この三者を自由に享け楽しむためには、その三つのものの背後にあるべき人格の支配を受ける必要が起って来るというのです。もし人格のないものがむやみに個性を発展しようとすると、他《ひと》を妨害する、権力を用いようとすると、濫用に流れる、金力を使おうとすれば、社会の腐敗をもたらす。ずいぶん危険な現象を呈するに至るのです。そうしてこの三つのものは、あなたがたが将来において最も接近しやすいものであるから、あなたがたはどうしても人格のある立派な人間になっておかなくてはいけないだろうと思います。」

漱石の「個人主義」は、思想史上はほとんど「自由主義」といってもよいものだが、漱石は、この真の意味での自由主義が日本に根づかないと将来いろいろな摩擦や衝突が起こり得ることを予知していたのだろう。慧眼である。

私の場合、このようにエッセイや講演録などをある程度読んで初めて、漱石の小説にも本当の意味で関心を持ち始めた。いったい、漱石の人気のある小説、例えば『こころ』（一九一四年）を読んで震えるほど感動した中学生がいたとしたら、よほどませた生徒か、変わり者に違いないのではないか、と今でも思っている。

モーム

海外の作家の小説についても似たようなことが言える。私は、サマーセット・モームの飾り気のない文章が好きで、『要約すると』（*Summing Up*, 1938）は愛読書の一つだった。私がもっているのは、ペンギン・ブックスに入ったペーパーバック（一九七八年）だが、出だしの文章が実によい。

THIS IS NOT an autobiography nor is it a book of recollections. In one way and another I have used in my writings whatever has happened to me in the course of my life. Sometimes an experience I have had has served as a theme and I have invented a series of incidents to illustrate it; more often I have taken persons with whom I have been slightly or intimately acquainted and used them as the foundation for characters of my invention. Fact and fiction are so intermingled in my work that now, looking back on it, I can hardly distinguish one from the other. It would not interest me to record the facts, even if I could remember them, of which I have already made a better use. They would seem, moreover, very tame. I have had a varied, and often an interesting, life, but not an adventurous one. I have a poor memory. I can never remember a good story till I hear it again and then I forget it before I have had a chance to tell it to somebody else. I have never been able to remember even my own jokes, so that I have been forced to go on making new ones. This disability, I am aware, has made my company less agreeable than it might otherwise have been.

「本書は自伝ではないし、また回想録というのでもない。私の人生で起こったことは全て、これまで書いた書物の中で様々な形で利用してきた。私自身が経験したことがテーマとして役立ち、テーマに見合う物語を語るためには一続きの出来事を創出したこともある。あるいはまた、ほんの顔見知りや、よく知っている人を念頭に置いて、私の作品の登場人物のモデルにしたことも、よくあった。事実と虚構が作品の中で混じり合っているため、今振り返ってみると、両者を区別するのはもうほとんど無理になっている。たとえ過去の事実を思い出すことが可能だったとしても、既に創作で充分に活用したのであるから、ここに記録してみても無意味である。どっちみち、生の事実を書いたところで、つまらないものと思われるであろう。私の生涯は、いろいろ変化もあり、興味深いこともあったけれど、波乱に富むものではなかった。おまけに私は記憶力に乏しい。面白い話を聞いても二度聞かないと覚えられないし、他の人に話す機会が来る前に忘れてしまうのだ。自分が飛ばしたジョークさえ忘れてしまうので、いつも新しいジョークを考え出さなくてはならない有様だ。うまいジョークが飛ばせれば、同席する人にもっと良い印象を与えられただろうが、実際はあまり楽しくない相手だと思われていたようだ。」（『サミング・アップ』行方昭夫訳、岩波文庫、二〇〇七年、七－八ページ）

だが、長く小説を読む気にはならなかった。ところが、神保町の古本屋で経済学の本を探していたとき、ふとモームの短編小説集を見つけて買って帰った。これが意外に面白かった。この短編集は、一〇年ほど前、行方《なめかた》昭夫氏の名訳で岩波文庫に収録された（『モーム短篇選』上・下、二〇〇八年）。久しぶりに読んでみたが、短編小説の名手だけに最初から読者を惹き込む。これに味を占めて、『人間の絆』（一九一五年）、『月と六ペンス』（一九一九年）なども読んだが、昔の自分は食わず嫌いだったのかと思えるほど楽しい読書経験だった。

また、ショーペンハウアーの有名な読書論がきっかけで、彼の哲学の影響を受けていたトーマス・ハーディ（一八四〇－一九二八）を読むことになったが、これも悪くなかった。ハーディは好き嫌いはあるだろうが、運命に翻弄される人間を描き出す才能は秀逸である。『ダーバヴィル家のテス』（一八九一年）は、この意味で傑作である。

文学の話はまだあるが、いまはこの辺でやめておく。

ゼミを選ぶ

さて、大学三年生になると、所属するゼミを選ばなければならないが、私は躊躇なく一般均衡理論を勉強するゼミを選んだ。大学院で経済学史を研究する意思を固めていたが、少なくとも学部時代は経済理論をみっちり学ぶべきだと思っていた。教科書のレベルよりは上級の一般均衡理論を学ぶには、トポロジーという現代数学を学ぶ必要があったが、そのころ買って本棚に残っている数学の本をながめると、結構まじめに数学の勉強に取り組んだことがわかる。

清水先生は、「一般均衡理論のゼミに入りました」と報告したとき、ちょっと残念そうな顔つきをしたが、「大学院では経済学史を専攻するつもりで、師事したい先生も決まっている」というと、「そうか」と肯いた。具体的に誰に師事したいとは言わなかったが、私の心の中では、菱山泉（当時、京都大学経済学部教授）に決めていた。菱山先生こそ私の第二の先生なので、以下、先生と呼ぶことにしたい。だが、なぜ菱山先生に決めたのかについては、説明が必要だろう。

シュンペーターによって経済学に導かれたことは前にも書いたが、彼は経済学史についても百科全書的な知識をもっていた天才だった。遺作『経済分析の歴史』（一九五四年）は、いまだに熟読に値する名著である。経済学の流れは、教科書で学ぶだけではなく、それぞれの時代を画した古典的名著を直接ひもとく以外に真の意味では理解できない。そこで、私は、ゼミの勉強とは別に、経済学の主要な古典や関連文献を読むことを日課にするようになった。具体的な名前を挙げると、ケネー、アダム・スミス、デイヴィッド・リカード、ジョン・スチュアート・ミル、カール・マルクス、アルフレッド・マーシャル、ソースタイン・ヴェブレン、ケインズなどである。

ケネーは、シュンペーターが高く評価した経済学創設期の天才だが、『経済表』をながめただけでは彼の真意はつかめない。すべての経済数量が同じ規模で循環する「定常状態」(「静態」といっても同じだが)のモデルは、国民経済の再生産の客観的条件を描いたという意味では画期的な仕事であったが、「静態」だけに注目すると、「中世の経済生活の合理化」(マックス・ベア『フィジオクラシー研究』一九六六年)のように後ろ向きの思想のように読めてしまう。フランス革命前夜、ヴェルサイユ宮殿の中二階に暮らし、一流の文化人たちと交流していたケネーの眼が過去を振り向いていたのだろうか?

早稲田から京大へ

そんな疑問を抱いていた私の蒙を啓いてくれたのは、菱山先生の『重農学説と「経済表」の研究』(有信堂、一九六二年)だった。先生は、『経済表』を地主階級の支出性向に注目し、静態を特殊ケースとして含む動態的モデルとして再解釈していた。ケネーが北部フランスでおこなわれた大農経営を賛美し、穀物の「良価」を実現するような自由貿易政策、農業のみが生み出す「純生産物」のみが課税の対象になる「土地単一税」（純生産物は地主のものになるので、地主のみが課税される）を提案していた事実と考えあわせると、「農業王国」の経済発展を思い描いていたというのは奇想天外でもない。菱山先生のモデルは、その発想を比較的簡単な数学を使って見事に整理してくれた。

菱山先生の『リカード』（日本経済新聞社、一九七九年）も斬新だった。リカードの真の像はマーシャルの需給均衡理論によって歪曲されたというのがメインテーマで、ピエロ・スラッファの『商品による商品の生産』（一九六〇年）の影響が垣間見える興味深い著作だった。

マーシャルから、ピグーやロバートソンを経てケインズに至るケンブリッジ学派の歴史を概観した『近代経済学の歴史』（有信堂、一九六五年）も、ケインズ革命によってケインズ以前の新古典派が一掃されたという通説に疑問を呈し、ケインズもまたケンブリッジ学派の申し子であることを冷静に説いた名著であった。

菱山先生の一連の著作を読んで感銘を受けた私は、大学院は京大に進学しようと決めていた。だが、ここに小さな「波乱」が起こった。私は大学では成績優良な学生だった。当時の早稲田では、そのような学生に助手試験（二つの語学と論文試験）の機会を与えて、優秀な学生を囲い込む制度があった。ゼミの指導教授から「受けてみないか」と打診を受けたとき、私はほとんど考える暇もなく「辞退します」と答えた。すでに私は京大大学院で菱山先生に学ぶことを決意していた。いまさら早稲田の助手になり、その後、順調に専任講師、助教授、教授に昇進する道よりも、京大での新しい可能性に挑戦してみる決意のほうが固かった。以前、橘木俊詔氏（京都大学名誉教授、京都女子大学客員教授）と雑談していたとき、「早稲田の助手をけって京大の大学院に来たのはあなたくらいではないか？」となぜかあきれたような顔をしていた。私が初めてということは決してないと思う。

ただ、助手試験を辞退したので、京大の大学院入試は是が非でも通らなければならない。当時の入試は、一〇月の初めころ、外国語二つに経済原論・経済政策・経済史・経営学から三つの選択科目だったと思う。外国語は二つともやさしかった（英語とドイツ語）。あとの科目も、書けないほど難解なものはなく、あまり試験を受けた感じがしなかった。結果は一〇月末にはわかったが、トップで合格していた（八五％ほどの出来であった）。

入試はクリアしたので、今度は菱山先生に指導教授を頼みに行かなければならない。失礼があってはいけないので、まず清水先生に相談した。合格を喜んでくれた先生は、「京大は経済研究所に安保闘争以来の知り合い、青木昌彦君がいるので、電話してみよう」とさっそく受話器を取った。

しかし、電話を受けた女性秘書は、どうも青木氏はアメリカに長期出張中だと言っているらしい。先生は困った顔をしたが、「そうだ。経研で非常勤講師をしたとき、佐和隆光君がいたのだった」と、今度は佐和氏につないでもらっていた。佐和氏は在室だった。清水先生は、「私のこと覚えておられる？　そう。ちょっと頼みがあるのだけれども……」と要件を話した。そのあと、原稿用紙を取り出して、五枚ほどの紹介状を書いてくれた。そして、「これを持ってまず佐和君のところに行きなさい。菱山先生に君を紹介してほしいという趣旨の文章を書いておいたので、きっとよいように計らってくれるさ」と。

私は清水先生のアドバイス通りに行動した。その結果、菱山先生は「定年まで二年だけれども、修士課程だけの指導教授を喜んで引き受ける」と言って下さった。最近の学生は、その意味では行儀が悪くなった。いきなりメールだけの連絡で会いたいとか、研究室をみせてほしいとか言ってくるときがあるが、そのような学生には会わないことにしている。

コラム① 風雪に耐えた「偉大な思想」――シュンペーター『経済発展の理論』から一〇〇年

先日、地方紙の文化面を読んでいたら、西田幾多郎(一八七〇~一九四五)の『善の研究』が出版一〇〇年を迎えるという記事が目に入った。記事には西田の「純粋経験」や彼が高く評価していたフランスの哲学者アンリ・ベルクソン(一八五九~一九四一)について触れてあったので、ベルクソンとの関係で二〇世紀経済学の巨星ヨゼフ・A・シュンペーター(一八八三~一九五〇)のことが頭をよぎった。というのも、今年(二〇一一)は、シュンペーターの主著『経済発展の理論』が書かれて一〇〇年になるからだ。

シュンペーターの経済思想は、「静態」と「動態」の二元論的な構造をもっている。「静態」が、すべての経済数量が一定量で循環している状態のことであるのに対して、「動態」は、「企業者」が「銀行家」の信用創造の援助によってイノベーション(革新)を遂行する瞬間から始動する、つねに動きつつある状態のことである。

人間類型を「適応型」と「創造型」の二つに分けるならば、「静態」の世界には前者(循環の軌道に従って企業を経営するだけの「単なる経営管理者」)、「動態」の世界には後者(つねに「新しい」可能性に挑戦する「企業者」)が存在しているのである。シュンペーターは、

「企業者」がイノベーションを遂行し、新しい可能性を切り開いていくことこそが資本主義の「本質」であると固く信じていたので、「静態」の枠組みの外へ出ようとしないような経済理論にはつねに批判的だった。

例えば、シュンペーターのライバルであったJ・M・ケインズ（一八八三～一九四六）の有名な『雇用・利子および貨幣の一般理論』（一九三六）は、資本設備・人口・技術が所与という意味での「短期」の想定を置いていたので、シュンペーターの眼には、「企業者」の「創造的破壊」を捨象した静態理論に過ぎないと映ったのである。

ところで、シュンペーターは、青年時代から、経済学ばかりでなく、哲学や文学などあらゆる分野にまたがる本を読んでいた、まさに世紀末ウィーンが生んだ「恐るべき子供」であったが、『経済発展の理論』（出版は一九一二年だが、序文の日付は一九一一年七月とある）には、ベルクソンの名前はどこにも出てこない。

だが、ベルクソンは、こう言っていた。対象を認識するには、「対象の周囲をまわる」方法と、「対象の内部へ入り込む」方法の二つがあるが、前者は「相対」のうちにとどまる認識、後者は「絶対」に到達する認識である。そして、前者の方法が「分析」、後者の方法が「直観」であると（『形而上学入門』一九〇三）。「分析」をいくらおこなっても、事実を事実たらしめている根源は捉えられない。そこに「直観」の役割があるという思想は、「経済分析」がいくら高度化しても、「分析」

では資本主義の「本質」は捉えられないというシュンペーターの思想に通じている。彼がワルラスの純粋経済学を高く評価しながら、それでもそれに不満をもったゆえんである。

西田の『善の研究』が出版された同時期、シュンペーターの『経済発展の理論』も書かれたことを「再発見」したのは驚きだったが、西田哲学と同じように、シュンペーターの経済思想も廃れてしまったわけではない。彼はイノベーションを「新しい生産関数の設定」とも表現し、もっぱら供給面と関係があるかのように思っていたが、イノベーションがケインズの有効需要とも実は相互補完の関係があることを重視する研究も登場している。吉川洋東京大教授がいう「イノベーションと需要の好循環」もその一例である。

偉大な経済学者の思想は一〇〇年の風雪に耐えたというべきだろう。


(「毎日新聞」二〇一一年七月五日夕刊)

第二章　古典をどう読むか

京都大学大学院へ

東京から京都へ引っ越す日がやってきた。当時の私は、東京が日本の「中心」だと思っていた。とすれば、いわゆる「都落ち」である。しかし、不思議なもので、京都に住み始めて三〇年以上の年月が経ってみると、京都人のような感覚を自然に身につけるようになった。京都こそ日本の「都」であり、東京は明治維新以来わずか一五〇年の「首都」であるに過ぎないと。京都人は口には出さずとも心の中ではそう思っているようだ。そうであれば、私は東の国から京の都へ上ってきたことになるのだ。

ちょっと脱線してしまうが、五年ほど前、毎日新聞（大阪本社）学芸部にいたS氏から、関西に住み始める社会人に向けて文章を書いてほしいと依頼されたことがあった。一瞬、考えたが、依頼を受けて次のような文章を書いた（「〝新関西人〟に向けて」、二〇一三年四月二五日付夕刊、この文章は東京本社発行の毎日新聞には載らなかった）。

「京都に転居してきたのは大学院に入学した一九八五年春のことだから、すでに四半世紀以上もこの地に住んでいることになる。大阪や神戸などはほとんど知らないので、私にとっての関西というのは京都に他ならないが、東京での大学生活を経て京都へ越してきたときには、やはりある種の戸惑いのようなものにぶつかっていたと思う。戸惑いといっても、日常生活から多少は文化とかかわるものに至るまで多岐にわたるが、私にとって特に印象的だった事柄を中心に書いてみよう。

京都で学ぶということは初めから私の計画の中に入っていたわけではない。たまたま師事したい先生（故菱山泉教授）が京都大学にいて、先生に導かれるように京都へやってきたのである。もちろん、古都への漠然とした憧れのようなものはあったが、観光ではなく学問をするためにきたのだから、それ以外のことは二の次に考えていた。いままでも京都ことばは話せないし、少しも京都人らしき立ち振る舞いもできないが、それでも長年この地に住んでいると脳の中に知らずと変化が生じるものらしい。

私の専門は経済思想史なので、現代理論を研究している人たちよりは「歴史」というものを意識してきたつもりだった。だが、東京に住んでいたころは、日常生活の中で歴史を強く意識したことはなかった。おそらくまだ若かったせいもあるだろう。ところが、京都に十数年も住むうちに、この地には街中に歴史が埋め込められていると思うようになった。

例えば、私は足利将軍に多少の興味があったのだが、あるとき散歩していたら、足利尊氏が六波羅を陥《おとしい》れて最初に京都で政務をとった邸宅跡に小さな記念碑があるのを見つけた。義満の金閣寺や義政の銀閣寺のように誰にもわかる場所にはないが、尊氏が後醍醐天皇の菩提を弔うために建立した嵐山の天龍寺が好きだった私は、尊氏の痕跡を見つけて嬉しくなった。「太平記」も読んでいたが、尊氏の死後、義詮《よしあきら》が朝廷から亡き父への官位の追贈の使者を迎えたときに詠んだ和歌も突然思い出した。

「帰《かへる》べき道しなければ位山上《くらゐやまのぼ》るに付《つけ》てぬるゝ袖かな」

尊氏の邸宅跡の近くには在原業平の邸宅跡の記念碑もあるが、桜の時期になるとやはり業平の和歌が自然と頭をよぎる。

「世の中にたえて桜のなかりせば春の心はのどけからまし」

自分の頭の中にいつからこのような「情報」がインプットされたのかわからない。というよりも、前から知ってはいたのだが、それを身近に感じたことがなかっただけなのだ。そして、十年ほど前から、北野をどりとともに春の訪れを感じ、夏は祇園祭、秋は紅葉、冬は雪の金閣寺というように京都人のような感覚を身に着けてしまった。いや京都人というのは代々京都に住む本当の都人に失礼だろう。京都の住民のようになったというべきか。東京が日本一の都市であると思っていた私が年を重ねるうちにこうなったのだ。やはり京都というのは不思議な古都なのである。」

さて、京大の大学院で指導教授になったのは、前に触れたように、菱山泉（一九二三－二〇〇七）だったが、先生は二年後に退官することになっていたので、初めから修士課程の間だけの指導教授であった。京大の「自由な学風」とも関係があるが、菱山先生は具体的に何かをせよというような指導は一切せず、問題意識をもって議論しに行ったときに若干の助言をするというタイプの指導教授だった。だが、菱山先生に限ったことではなく、京大大学院での「指導」というのはこんな感じが珍しくなかった。菱山先生には、こう言われた。

「あなたは語学力も経済学史の知識も十分にあるので、教えることは何もない。好きなテーマを追いかけなさい。」

そういうことであれば、当面、気になっていた論点を先生に話してみた。

「シュンペーターの『経済発展の理論』を読み返して気づいたのですが、彼はところどころマーシャルを非常に意識していて、彼の理論に対抗心を燃やしていたように思えます。先生も、以前、シュンペーターの非連続的な経済発展のヴィジョンがマーシャルの漸進的進歩のアイデアと対照的だと書いておられますが、もっと他にも、イノベーションの捉え方、理想的な企業家のイメージなど、マーシャルとは対照的な思想があります。ちょっとこのテーマについて考えてみたいのですが。」

すると、菱山先生は、「それは面白い。ひとつ論文にまとめてみなさい」と一言。私は修士課程に入ったばかりだったが、なんとか数日格闘して、「シュンペーター思想形成におけるマーシャルの重要性について」と題する論文を書いた。四〇〇字詰原稿用紙で四〇枚ほどの分量だが、自分が読んできた英独仏の文献はほとんど全部使った。次の週、その論文をもって菱山研究室に届けに行ったが、先生はその場で論文を一読し、こう言った。

「よろしい。なかなかよく書けている。京大経済学会の雑誌『経済論叢』に載せよう」と。

私は内心驚いた。『経済論叢』は、教授や助教授以外の大学院生などの場合、初めは修士論文審査でトリプルAの評価を受けた論文を載せるのがふつうだった。私はまだ修士課程に入ったばかりなのだ。それにもかかわらず、菱山先生は、本当にその論文を載せてしまった（『経済論叢』第一三八巻第一・二号、一九八六年七・八月号）。

思いもかけず「作品一」が出来てしまったが（それゆえ、修士論文は別のテーマで書くことになったが）、そのおかげで、別の研究室に出入りするときは、その論文を名刺代わりに持参することができた。のちに博士課程で指導教授になってもらった伊東光晴（一九二七〜、私の三番目の先生である）にもその論文を見せたが、「よい出来だ。将来、岩波新書の『シュンペーター』を一緒に書こうじゃないか」とまで言われた。その話は、のちに現実となり、伊東先生と私の共著『シュンペーター』（岩波新書、一九九三年）として出版された。

さらに、大学院に非常勤講師として「経済学方法論」を教えに来ていた田中真晴（一九二五-二〇〇〇、京大教授もつとめたが、大学紛争が原因で辞任し、当時は甲南大学教授）も好意的に評価してくれて、「甲南大学に来ないか」と真剣に誘ってくれた。ふつうはあり得ない厚遇である。研究者はいまほどの就職難ではなかったが、早い時期から私の仕事を評価し、甲南大へ呼ぼうとしてくれた田中氏には本当に感謝している。

私は、菱山先生の初期のケネー研究に惹かれて、京大大学院に進学してきたのだった。ところが、いつの間にか、シュンペーターを除けば、アルフレッド・マーシャルからジョン・メイナード・ケインズに至るケンブリッジ学派の世界へ招き入れられた。人生は計画通りにはいかないものだ。

シュンペーター『経済発展の理論』

経済学史は経済学の古典を取り扱う研究だが、この章では「古典をどう読むか」について、折に触れて考えてみたい。シュンペーターが出てきたついでに、彼の出世作『経済発展の理論』を取り上げてみる（この本の初版は一九一二年、第二版は一九二六年に刊行されているが、岩波文庫で手に入る邦訳は第二版によっている）。

『経済発展の理論』は、企業家による「イノベーション」（その本ではまだ「新結合」と表現されている）の遂行が経済発展の根本原因だというシュンペーターの主張が初めて体系的に提示されているので、専門家ばかりでなくビジネスマンやその他にも人気の高い古典的名著である。私たち専門家は翻訳を読んだくらいでは「読んだ」とは言わないが（せいぜい「立ち読み」したくらいか）、残念なのは、高名な財界人が読書についてのエッセイのなかでよく拾い読みした部分を取り上げて推奨していることである。決まって引用されるのは、企業家がイノベーションを遂行する最もカッコいい場面である。もちろん、その部分は不可欠である。しかし、それに惹かれて、第一章「一定条件に制約された経済の循環」を読み始めたら、とたんに挫折するに違いない。

教科書的な説明では、第一章はワルラスの静態理論を下敷きに書かれているとある。これはおおよそ正しいが、正確には、それ以上のものである。ワルラスの一般均衡理論は、完全競争を仮定したときの価格決定理論であるが、彼の連立方程式をみると経済体系の相互依存関係はわかるにしても、そうして決まる価格決定理論は、時間の要素が入っていないので、「静学理論」（static theory）と呼ばれる。

だが、シュンペーターは、ワルラス理論の適用範囲を拡大し、静学で決まった価格や数量が、経済体系にとっての「与件」（資源・人口・技術・社会組織）に変化がなければ年々歳々繰り返される「静態的経済」（stationary economy）を構想した。これは、根本的に、ケネーの『経済表』の世界に他ならない。シュンペーターは、『経済発展の理論』への日本語版序文（英文でそのまま載っている）のなかで、このような類似の用語を正確におさえておくように注意を喚起している。

初期のシュンペーターは、確かにワルラスの一般均衡理論の研究に没頭したという意味で「ワルラシアン」といってもよいのだが、一九世紀末にウィーンのテレジアヌム（上流階級の子弟が通う学校）を優等な成績で卒業したあと、オーストリア学派の本拠地であるウィーン大学で学んだシュンペーターが、みずからの出自を忘れることはあり得ない。なるほど彼は初期からコスモポリタンとして活躍したのだという反論もあるだろうが、オーストリア学派の痕跡は随所に残っている。

例えば、オーストリア学派の創設者カール・メンガー（一八四〇－一九二一）の『国民経済学原理』（一八七一年）のなかには、「低次財」（人間の欲望を直接満足させる消費財のこと）と「高次財」（低次財の生産に用いられることによって人間の欲望の満足に間接的に役に立つ生産財のこと）の区別が出てくるが、高次財の価値は低次財の価値が移転されたものと考えられている。これは、オーストリア学派特有の「帰属理論」と呼ばれるものだが、もっと詳細には、メンガーの次の世代の学者、フリードリヒ・フォン・ヴィーザー（一八五一－一九二六）によって展開された。帰属理論とも関連するが、『経済発展の理論』の第一章には「本源的生産要素」として「労働」と「土地」が挙げられるのみで、「生産された生産手段」は除外されている。

古典研究、例えばシュンペーター研究といっても、シュンペーターの古典だけを繰り返し読んでもあまり成果は得られないだろう。その間、私たちは、ふつうその他の学派や異なる分野の文献（理論や歴史や政策など）も読んでいる。そのように新たな知識を仕入れて改めてシュンペーターを読むからこそ、新しい発見が得られるのである。オーケストラの指揮者が「モーツァルトのスコア（総譜）は読むたびに新しい発見がある」というような言い方をすることがあるが、その指揮者は年がら年中モーツァルトばかり振っているのではないはずである。その間に、ベートーヴェンもロマン派も現代音楽も指揮しているかもしれない。そのような経験を経てモーツァルトを読み直すからこそ、新たな発見が得られるのではないか。経済学の古典についても、同じようなことが言えるわけだ。一昔前のように、「アダム・スミスひと筋」というような研究者はもはや流行らない。そこで、改めて、シュンペーターの文章を読んでみよう。

「そこでもしわれわれが財の順位を上っていくとすれば、ついにはわれわれの目的にとって最終的な生産要素に到達しなければならない。この最終の要素が労働と自然あるいは「土地」であること、すなわち労働用役と土地用役であることについてはさらに論ずる必要はない。他のすべての財は少なくともこの一つから、また多くの場合この両者から「成り立つ」のである。かくして、われわれはこの意味において、すべての財を労働用役と土地用役の一束と考えることができるし、またこれらの財を「労働と土地」に分解することができるということになる。さて消費財は消費の可能性において特殊な性質をもっており、この特質こそがそれを全過程の目標たらしめるのである。しかしその他の生産物、すなわち「生産された生産手段」はけっして独立なものではない。それらはまず第一に、なんら新しい生産手段ではなく、「すでになされた」労働用役および土地用役を表わすにすぎない。また次に、それらはもともと消費財と並んでみずからを特徴づけるような標識をもってはいない。それらは単に成立しつつある消費財にほかならないからである。すなわち、それらは一面においては上述の二つの本源的生産財を体現したものにすぎず、他面においては潜在的消費財、あるいはむしろ潜在的消費財の一部分にすぎないのである。この限りにおいて、これらの財を独立の生産要素と見る理由はまったく存在しない。」(『経済発展の理論』上巻、塩野谷祐一・中山伊知郎・東畑精一訳、

岩波文庫、一九七七年、五五 - 五六ページ）

このような帰属理論の考え方は、ワルラスにはない。静態の世界には労働と土地という本源的生産要素しかないのだから、経済主体もその本源的生産要素の所有者、すなわち労働者と地主以外に存在しない。それゆえ、生産物の価値は労働用役と土地用役の合計に等しくなる。この世界は、いち早く新しい可能性に気づいた天才的な企業家のイノベーションの遂行によってのみ破壊されるのだが、企業家は、そのための資金を銀行家の信用創造によって賄う。イノベーションが遂行されるまさにそのときから「動態」が始動するのだが、静態には労働者と地主以外に経済主体はいなかったので、「企業家」と「銀行家」は動態においてのみ舞台に現れるのである。

シュンペーターは、誰よりもワルラスの一般均衡理論の意義を高く評価し、「経済理論家」としてはワルラスが最も偉大であると死ぬまで言い続けたけれども、『経済発展の理論』の出発点である「静態」は、ワルラス理論そのものではなく、それとオーストリア学派のいわば「ブレンド」なのだ。

このようなことは、『経済発展の理論』を拾い読みしたくらいでは理解できないだろう。

だが、専門家なら、その本のどこに何が書かれているか、すぐにピンとこなければならない。これは決して誇張して言っているのではない。私の持っている『経済発展の理論』は、ドイツ語版も日本語版も三冊目である。前の二冊は使えないほどボロボロになった。かつて清水先生に教えられたように、私も本を「雑巾」のように使ってきたわけだ。

静態ばかりでなく、動態の捉え方についても似たようなことが言える。シュンペーターは、教科書的な説明では、マルクスの動態的ヴィジョン（『経済発展の理論』の日本語版への序文には、「経済体系それ自身によって生み出される独自の仮定としての経済発展のヴィジョン」とある）にヒントを得て、企業家によるイノベーションの遂行を彼の体系の中核にもってきたというものである。たしかに、シュンペーターは、静態ではワルラス、動態ではマルクスに学んだと書いているので、そのような記述は決して間違ってはいない。だが、シュンペーターの「発展」の捉え方を読んでいくと、当時の正統派経済学（端的には、アルフレッド・マーシャルの『経済学原理』といってよいが）の考え方とはきわめて対照的であることに気づいた。

マーシャルは、『経済学原理』の序文でも本文でも、経済発展の「連続性」を強調し、一人の天才的な発明家や金融家などによって一国の経済が全面的に革新されるというような見解を退けたが、それとは対照的に、シュンペーターは、「経済体系内部」から湧き上がる「非連続的」な発展というヴィジョンを強調している。マーシャルを意識しているとみてほぼ間違いない。

「鉄道の建設がここでも例証に役立つであろう。時間的に無数の小さな歩みを通じておこなわれる連続的適応によって、小規模の小売店から大規模な、たとえば百貨店が形成されるというような連続的変化は静態的考察の対象となる。しかし、最も広い意味でのの生産の領域における急激な、あるいは一つの計画にしたがって生れた根本的な変化についてはそうはいかない。なぜなら、静態的考察方法はその微分的方法に基づく手段によってはこのような変化の結果を正確に予測することができないばかりでなく、そのような生産革命の発生やそれにともなって現われる現象を明らかにすることができないからである。静態的考察方法はこれらの現象が起こってしまった場合の新しい均衡状態を研究することができるにすぎない。繰り返していえば、まさにこのような革命の発生、すなわちわれわれのきわめて狭義かつ形式的な――発展のすべての具体的内容を捨象した――意味での経済発展問題こそ、われわれの問題とするものである。このような問題設定をおこなう理由およびこのように従来の理論の常道から離れる理由は、経済の変動が、もっぱらではないが主として資本主義時代に——すなわちイギリスでは十八世紀半ば以来、ドイツでは十九世紀の四十年代以来——そのような形で生じており、連続的適応によって生じたのではなく、またその性質上そのような形でのみ起こりえたという事実にあるというよりも、むしろそのような見方の有効性にあるのである。」(『経済発展の理論』上巻、前掲、一七三ページ)

杉本栄一氏の武勇伝

古典研究の場合、どんな対象でも通説をまずしっかりと押さえたうえでテキストを読み込んでいかなければならない。通説への疑問や批判などは、そのあとから自然に生まれるものだ。テキストの読み方が半端だと、まともな批判は出てこない。

菱山先生が私の修士課程修了とともに退官したのは寂しかったが、博士課程の指導教授を伊東先生が引き継いでくれたので心強かった。伊東先生は、ケインズ研究の大家として知られていたが、学説史研究は比較的若い頃の仕事で、その後は日本経済の現実に根ざした政策論や時事論説の仕事が増えていった。往年のＮＨＫの人気番組「一億人の経済」にもよく出演していたが、わかりやすい語り口で経済問題を巧みに論じたので、世間にもファンは多かったと思う。

ところが、意外なことに、伊東先生は、研究者を評価する場合、その人がアカデミックな訓練をしっかりと受けているかどうかを最も重視した。たまたま銀行に就職して調査畑が長かったので「エコノミスト」と言われるようになった人をほとんど評価しなかった。自分がかつて一橋大学で師匠の杉本栄一（一九〇一－五二）から徹底的に鍛えられたせいか、そのようなアカデミックな訓練を積まずして「経済学者」にはなれないと信じていたようだ。

杉本栄一氏の「武勇伝」については、何度も聞かされた。杉本氏は語学が得意だったので、研究者なら英語くらいは日本語と同じペースで読めなければならないと思っていたふしがある。これは特別厳しいわけではなく、私も田中真晴氏が同じことをゼミナール参加者たちに言っているのを直接聞いたことがある。ところが、あるとき、伊東先生は、杉本氏が「一週間で読んで来い」といった文献が全部読めていなかった。それを知った杉本氏は激怒し、「一週間で読めというものは一週間で読め！　一日で読めというものは一日だ！」と本を投げつけてきたという。いまなら、「アカデミック・ハラスメント」と言われかねないが、それだけ伊東先生への期待が大きかったのだろう。

杉本栄一は、東京商科大学(現一橋大学)の福田徳三門下のなかでただ一人、マルクス経済学の研究で大学に残ったが、残念なことに若死にしたので、門下生の宮崎義一、伊東光晴、浅野栄一などが母校に迎えられることはなかった。一般には、近代経済学とマルクス経済学の切磋琢磨を主張したことで知られている。名著『近代経済学の解明』がいまでも文庫で読める(上・下、岩波文庫、一九八一年)。

伊東先生は、現在、ケインズ研究の大家として知られているが、若い頃、先生にケインズ経済学を叩き込んだのは、宮崎義一(一九一九-九八)だった。宮崎氏が勤務していた横浜国立大学経済学部の非常勤講師に伊東先生を呼んで、ケインズ経済学の講義をさせた。最前列の真正面で宮崎氏がそれを聴いている。というより「監視」していたというべきか。そして、伊東先生がなにか曖昧か間違ったことを教えると、「おい、そこは違うぞ!」と厳しい指摘が入る。これではたまったものではない。伊東先生はよく耐えた。その厳しい指導があったからこそ、のちに、共著でケインズ研究の古典的名著『コンメンタール ケインズ一般理論』(日本評論社、一九六四年)が書けたのだろう。いまではできないことだ。

伊東光晴『ケインズ』

ところで、伊東先生といえば、名著『ケインズ――〝新しい経済学〟の誕生』（岩波新書、一九六二年）に触れずにおくことはできない。岩波新書の青版で残っている本は少なくなった。しかし、この本は、すでに半世紀以上も売れ続けている。のちに、「ケインズ」と名の付く新書を書いた研究者は多いが（私もその一人である）、全部束になっても伊東先生の『ケインズ』の売り部数には及ばない。最終章の現状分析だけは少々古くなったが、例えば、吉川洋氏の『ケインズ』（ちくま新書、一九九五年）で補えばまだ十分通用する。

だが、以前から、経済学史研究者のあいだでは、ある記述が問題になっていた。ケインズの師であるマーシャルの学説についての記述である。伊東先生は次のように書いている。

「そのマーシャルの経済学の結論は何であったか。レッセ・フェール、自由放任、自由競争、これによって社会は進歩する。自由放任、それは何もしないことではないか。イースト・エンドに行くことの結論が何もしないことであるとは！　ここにケインズがヴィクトリア時代の道徳の偽善的一面を見出したのは不思議ではない。ケインズは、たんにマーシャルに反撥しただけではない。マーシャルを含めて、一九世紀のヴィクトリア時代の偽善と道徳、鼻もちならない倫理主義に反撥したのである。そして、その反撥もまた、単にケインズ一人のものではなく、二〇世紀になって世に出ていく多くの青年たちに共通のものであった。」（『ケインズ』、前掲、五〇ページ）

この文章は、素直に読めば、マーシャルがあたかも自由放任主義者だったと言っているかのようだ。だが、筑摩書房から出た経済学全集の一冊『経済学史』（内田義彦・大野英二・住谷一彦・平田清明との共著、一九七〇年）のなかにはそのような記述は見られないので、筆の勢いで書いたのか、それともマーシャルが自由放任主義者ではないことは重々承知しながら、世間で自由放任主義者であるかのように誤解されていたことを言っているのかもしれない。しかし、このようなマーシャル像にかみついた学史家もいた。

伊東先生は、私が知る限り、マーシャルの『経済学原理』（一八九〇年、第八版一九二〇年まで版を重ねた）をよく読んでいたと思う。そうでなければ、大学院生にマーシャル研究をすすめるようなことはしないはずだ。ただし、「すべてはマーシャルにある」（It's all in Marshall.）とケインズの学生時代によく使われたような言葉で、ケインズ革命の根源はすべてマーシャルにあるという解釈には断固反対であった。

私の教え子で高崎経済大学教授の伊藤宣広君がまだ二〇代のときに書いた名著『現代経済学の誕生――ケンブリッジ学派の系譜』(中公新書、二〇〇六年)があるが、この本は、伊藤君がマーシャルに入れ込んでいただけに、どちらかといえばケインズ革命を相対化する立場で書かれている。

私は、伊東先生の解釈は「革命史観」、伊藤君の解釈は「伝統史観」と呼んでいるが、伝統史観だからといって、ケインズ革命の意義を認めないわけではなく、ただ強調の置き方が違うだけである。それでも、そう呼んだほうが、学生に説明しやすい。私はどちらかといえば革命史観に近いが、伊東先生は、ケインズ革命の相対化が学界の主流になりつつあるのに抗して、『現代に生きるケインズ――モラル・サイエンスとしての経済理論』(岩波新書、二〇〇六年)を書いた。新書としてやや難しいが、関心のある読者はぜひ読んでほしい。

伊東、菱山のケインズ解釈の違い

ところで、京大大学院で私の指導教授だった二人、菱山先生と伊東先生のケインズ解釈はどこが違うのだろうか。菱山先生は、ケンブリッジ学派の通史というべき『近代経済学の歴史』を読む限り、マーシャル以来の伝統史観に近いように思えるが、この本は、『経済セミナー』（日本評論社発行）の連載をまとめたものなので、どちらかというと啓蒙スタイルでやさしく書かれている。しかし、専門論文では、すでに一九六〇年代後半に、ケインズの『確率論』（一九二一年）と『一般理論』のあいだをつなぐ先駆的な仕事をしている。専門論文とは、『思想』（岩波書店発行）に発表された三本と、京大経済学部英文紀要に発表された一本である（この論文は、のちに海外で編集されたケインズ関係の論文集に収録された）。

「ケインズにおける不確定性の原理」（『思想』一九六七年四月号）
「ケインズの投資理論における「経済人」」（『思想』一九六七年九月号）
「ケインズの貨幣と不確定性の論理」（『思想』一九六八年四月号）
Izumi Hishiyama, "The logic of Uncertainty According to J.M.Keynes," *Kyoto University Economic Review*, January 1969, reprinted in J.C.Wood ,ed., *John Maynard Keynes : Critical Assessments*, vol. 4, Croom Helm, 1983, pp. 373-392.

もちろん、菱山先生以前にも、ケインズの『確率論』に着目した研究は内外にあったが、一九六〇年代の日本はまだアメリカの教科書に採り入れられたケインズ・モデル（四五度線やＩＳ／ＬＭ）が標準的な理解であり、『確率論』まで射程に入れた解釈は普及していなかった。『思想』のようなふつう経済学の論文を載せる雑誌ではないところに発表されたというのも珍しい。

菱山先生の研究から二〇年ほど経って、海外でケインズの『確率論』研究が盛んになり、日本でもその後追いが始まったが、現在ではそれも落ち着いて、ケインズ研究家なら一応のことは知っているのが一般的となった。菱山先生の研究は、現在からみれば、哲学・思想面の掘り下げが足りないようにみえるが、当時としては十分に先駆的なものだった。

先生は、日本語の論文のほうで、Uncertainty の訳語として「不確定性」をとっているが、現在では、ふつう「不確実性」と訳している。「なぜ〝不確定性〟にしたのですか？」と一度うかがったことがあるが、「当時はケインズ文献のなかに定訳がなく、自分はハイゼンベルクの不確定性原理を意識してそう訳した」という答えが返ってきた。とても印象的だったので、いまでも鮮明に覚えている。

伊東ゼミでの特訓

伊東先生の学部ゼミは、前半に必ずケインズの『一般理論』を読むことになっていたが、博士課程に在籍していた私は、TA（当時まだティーチング・アシスタントという制度はなく、チューターといっていたかもしれない）として学部生の指導に当たっていた。先生が急用でいなかったとき、「代講」もしたものだ。伊東ゼミには優秀な学生が集まっていた。いま京大で同僚の教授になっている依田高典君（行動経済学、医療経済学）、経営管理論に転じた磯村和人君（中央大学教授）、マクロ経済学の寺尾健君（甲南大学教授）、経済学の思想的・哲学的基礎に関心のあった荒川章義君（立教大学教授）、ポスト・ケインジアンの立場からアベノミクスを鋭く批判し続けている服部茂幸君（同志社大学教授）、理論や政策など関心の広かった広瀬弘毅君（福井県立大学准教授）、その他、学界以外にも中央官庁、マスコミ、有名企業に入った者など、多士済々であった。

もっとも、研究者になった人たち以外にとって、ケインズの『一般理論』がどれほど血肉となったかは定かではない。『一般理論』はそれほど楽に読める古典ではないからだ。それでも、彼らは、宮崎・伊東共著の『コンメンタール　ケインズ一般理論』や、宇沢弘文『ケインズ「一般理論」を読む』（岩波セミナーブックス、一九八四年）を頼りに原典を読み、必死でついてきた。思えば優秀な学生たちだった。

ケインズは、『一般理論』が難解であることは重々承知していたので、前半のほうで「有効需要の原理」のあらましを簡潔に要約してから細部に移っている。有効需要の原理とは、要するに、総需要と総供給の一致するところで雇用量（国民所得）が決まるといっているわけだが、ケインズは「短期の想定」（生産設備・技術・人口が所与）を置いているので、総供給曲線は動かない。とすると、総需要が問題となるが、それは消費と投資から構成される。ケインズは、消費は所得の安定的な関数だと仮定したので（限界消費性向が一より小さい正の値をとる）、鍵を握るのは投資である。それゆえ、ケインズは、均衡雇用量は、（一）総供給関数、（二）消費性向、（三）投資の三つに依存する、と述べた。「これが雇用の一般理論の核心である」と（『雇用、利子および貨幣の一般理論』上巻、間宮陽介訳、岩波文庫、二〇〇八年、四二ページ）。

さて、総供給曲線が動かない以上、雇用量を増やすには総需要曲線をシフトさせる（具体的には、消費を刺激するような減税、投資を増やすための低金利、それでも足りないときは公共投資など）政策を講じなければならないが、総需要を増やして雇用量が増えた時点で何が起こるのか？　ここまで考える学部生はほとんどいないが、私はあえてゼミナリステン

（ゼミ生）に訊いてみる。

Q：「ケインズは、貨幣賃金率の引き下げは労働者の所得の減少を通じて消費も減少させるので、雇用量の増大にはつながらないと言っているけれども、彼の理論的枠組みに従って総需要曲線だけ上方にシフトさせたら、労働者にとっては万々歳で終わるのかな？」

A：「非自発的失業が減るという意味では労働者にとって悪くはないはずです。」

Q：「総供給関数の導出のとき、ケインズは〝収穫逓減の法則〟を採っていたのではなかったかな？」

ここまでくると、優秀な学生はちゃんと反応する。『一般理論』は、全体を通じて、競争市場と収穫逓減の法則を仮定しているが、総供給曲線が右上がりになるのはそのためである。しかも、ケインズは、雇用量が増えるにつれて収穫逓減の「逓減率」も高まると仮定している。わかりやすく言えば、産出量を一〇％ふやすために雇用量を一〇％以上、それも雇用量が増えるにつれて一一％、一二％、一三％というふうに増やさなければならないということだ。見方を変えると、雇用量が増えたとしても、収穫逓減の法則が効いている限り、労働所得の分配率（国民所得に占める労働所得の割合）は減少するということなのだ。

実は、これは、わが国の有名なマルクス経済学者で、国際的にも著名だった置塩信雄（一九二七‐二〇〇三）がケインズ理論に対して投げかけた批判ともつながる。置塩氏は、若い頃、神戸大学の同僚でケインジアンとして有名な新野幸次郎（一九二五‐）との共著で『ケインズ経済学』（三一書房、一九五七年）という興味深い本を書いているが、そのなかで、総供給関数とは「搾取率」の関数なので、それを所与とおくケインズの分析手法は、労働者の味方では決してなく、「ブルジョワ経済学」そのものだと断じている。

『一般理論』における「貨幣」の扱い方もよく問題になる。ケインズは、例えば、貨幣数量説を完全に否定したのか？　それとも、不完全雇用のときは成り立たないが、完全雇用になれば復活する理論だと考えていたのか？

Q：「ケインズは、物価の章のところで、〝貨幣数量説の一般化〟という言葉を使っているけれども、それはどういう意味かな？」

A：「〝一般化された形式〟と言っているので、文字通りとれば、完全雇用のときは稀でも貨幣数量説が成り立つという意味ではないかと思います。」

Q：「言葉を換えていうと、不完全雇用のときは〝貨幣は中立的ではない〟（貨幣量の変化が雇用量や産出量などの実物変数に影響を及ぼす）けれども、完全雇用になれば〝貨幣は中立的になる〟（貨幣量の変化は実物変数には影響を及ぼさず、物価のみを変化させる）ということかな？」

A：「そうだと思います。」

「そうだと思います」という返答は、決して間違いとは言えない。現代マクロ経済学の教科書（例えば、G・マンキューの教科書）ではそうなっているからだ。だが、ケインズの真意をそのように解釈してよいかというと、ちょっと微妙である。

現代アメリカの著名なポスト・ケインジアン、ポール・デヴィドソン（一九三〇−）は、そのような解釈を否定する。もしケインズが貨幣の中立性命題を短期的に否定しただけなら（長期的には貨幣の中立性命題が成り立つことを容認していたなら）、ケインズと彼以前の新古典派との差異がほとんどなくなってしまう。そうではなく、ケインズの真意は、短期であろうと長期であろうと、貨幣の中立性命題が成り立たないというところにあったのであり、それこそまさに彼が構築しようとした「貨幣的経済理論」なのだと（『ケインズ経済学の再生――二一世紀の経済学を求めて』永井進訳、名古屋大学出版会、一九九四年、の説明がわかりやすいだろう）。

さらにもうひとつ、学部ゼミで問題になるは、『一般理論』最終章に出てくる「新古典派総合」的発想をどう考えればよいかということだ。

Q：「ケインズはここでサムエルソンの〝新古典派総合〟と似たようなことを言っているね。というよりは、サムエルソンがケインズから借用して、のちに〝新古典派総合〟と名づけたというべきかな？　これはケインズの真意なのだろうか？」

A：「素直に読めばそのように解釈できますが、ケインズは〝くせ者〟なので、古典派にリップサービスをしているだけかもしれません。」

Q：「ケインズはなぜそのような〝リップサービス〟をする必要があるのかな？　彼は政治家で、政府機能の拡張を認めようとしない頑固な保守派に配慮したということかな？」

学部ゼミでこのような議論が出来れば上々である。昔の伊東ゼミは、これくらいレベルが高かった。TAをしていても、退屈しなかった。

さて、伊東ゼミの後半は、各自が選んだ個別研究の発表であった。伊東先生の関心が広かったので、理論や学説史ばかりでなく、都市問題、交通問題、環境問題などの現実問題を選ぶ学生も多かった。現実問題では、誰も伊東先生の「博覧強記」に太刀打ちできないので、ほとんど先生の「独演会」のようになった。しかし、理論や学説史なら、私や優秀なゼミ生が活躍する場もある。

前に名前を出した服部茂幸君は、イタリア出身の天才的経済学者、ピエロ・スラッファ（一八九八－一九八三）を研究テーマに選んだ。現在の服部君は、主に金融問題で政府のアベノミクスを徹底的に批判する論客になっているが、学生の頃は、どちらかというとおとなしく地味な研究テーマを選んだことになる。

服部君の報告は、スラッファの『商品による商品の生産』（一九六〇年）を忠実に紹介することにほとんどの時間を使ってしまい、討論にまで至らなかった。真面目に淡々と報告するので、誰も止められなかった。スラッファの原典を丹念に読んだはずだ。おそらく、需給均衡理論とは違うスラッファの価格決定理論、自由度一の体系などを予備知識のない他のゼミ生に説明するには、愚直なまでに丁寧に話を進めるしかないと思ったのだろう。それはそれで立派な態度である。

ただ、誰かがちょっと感想を漏らしていたが、スラッファが小麦や鉄を使って生産方法を導入するとき、貨幣が全く出てこないことが不思議な様子だった。確かにそうだが、スラッファが金融問題に疎かったわけでは決してない。むしろ、初期の金融問題を扱った論文はケインズを感心させたほどの出来だった。もし十分な討論時間が残されていたら、きっとスラッファと貨幣という論点が浮かび上がったに違いない。ただ、これについて語るには、学部ゼミでちょっとスラッファをかじった程度では難しい（関心があれば、菱山泉『スラッファ経済学の現代的評価』京都大学学術出版会、一九九三年を参照してほしい）。

というように、TAをつとめながら、伊東先生とゼミ生たちとのやりとりを十分に堪能させてもらったわけである。

現在は大学院重点化以後の改革で博士号が取得しやすくなっているが、当時はまだそこまで制度化しておらず、博士課程の大学院生は研究しながら生活費を稼ぐために何らかのアルバイトをしているのがふつうだった。ところが、伊東先生は、研究者にとっての「アルバイト」とは「原稿を書く」ことだという固い信念をもっていて、私にふつうの意味でのアルバイトをさせなかった。

代わりに私のために雑誌『経済評論』（日本評論社発行、現在は休刊）に海外文献の紹介を書く仕事をとってきた。四〇〇字詰原稿用紙で二〇枚程度、結局、この仕事を修士課程二年（M2）から博士課程一年（D1）まで約二年間続けた。そういえば、清水先生も、駆け出しの頃、『思想』（岩波書店発行）に海外文献の紹介を書いていたが、私も似たような仕事を斡旋されたわけだ。

文章を書く訓練にもなったが、商業雑誌に二年間も大学院生がものを書き続けたら、誰かの目に留まる。ときどき、他社からも原稿の依頼が来るようになった。いよいよ、私も、「読む」から「書く」ほうへ重点を置く時期が来ていたのだと思う。そういうわけで、博士課程の大学院生のなかでは最も多忙な一人になってしまった。

コラム② 揚げた「新古典派総合」、今も実践的な指針に——ポール・サムエルソン氏を悼む

二〇〇九年一二月一三日、現代アメリカ経済学界の最後の大物ポール・サムエルソン氏が亡くなった。

サムエルソン氏といえば、世界的なベストセラーとなった教科書『経済学——入門的分析』（第一版は一九四八年、その後三－五年ほどの間隔で改訂された）によって、かつて経済学を学んだ人たちにはお馴染《なじ》みの名前だったが、時の流れには逆らえず、最近の学生たちを観察してみると、J・E・スティグリッツやP・クルーグマンの名前（二人ともサムエルソン氏の教え子である）は知っていても、サムエルソン氏の名前を聞いて具体的なイメージを抱くことができないようだった。

サムエルソン氏は、誇張していえば、ある時期まで、第二次世界大戦後の「経済学」そのものだった。「新古典派経済学」と呼ばれる市場機構の分析を数理的に精緻化した学位論文『経済分析の基礎』（一九四七年）によって学界での地位を確固たるものにした彼は、先に触れた教科書では、ケインズの『雇用・利子および貨幣の一般理論』（一九三六年）の核心を四五度線という簡単なモデルを用いて解説し、アルヴィン・H・ハンセンとともに、アメリカそして全世界におけるケインズ経済学の普及に大きく貢献した。

新古典派経済学とケインズ経済学の双方に精通していた彼は、のちに、両者を融和させる「新古典派総合」の看板を掲げるようになったが、そのアイデアは、簡単にいえば、自由放任主義の弊害（例えば、一九三〇年代の大恐慌）を避けるためにケインズ経済学の総需要管理を採用するが、いったん完全雇用が達成されれば、市場機構を基本的に信頼した新古典派経済学が再び有効性を取り戻すというものだった。

サムエルソン氏の新古典派総合は、一九六〇年代のケネディ政権のときに最盛期を迎えた。彼は、大統領選挙期間中からケネディの経済顧問をつとめていたので、ケネディ政権の大統領経済諮問委員会の委員長になっても不思議ではなかったが（ケネディは当初それを望んでいたといわれている）、自分自身はアカデミックな立場にとどまる代わりに、彼と新古典派総合の立場を同じくする経済学者たちが経済諮問委員会に関与し、政策決定に重要な影響を及ぼした。

その後、たしかに、ベトナム戦争後のインフレの昂進によってM・フリードマンの「マネタリズム」（貨幣数量説の現代版で、インフレ抑制のためにはマネー・サプライを一定率で増やすような政策をルール化すればよいという考え方）の力が増し、最後には、ケインズ経済学の総需要管理を否定するR・ルーカスの合理的期待形成仮説の登場によって、新古典派総合は「瓦解」（というよりは、新古典派がケインズ経済学に対して完全に優位に立ったというべきか）してしまうのだが、現在でも、クルーグマンが新古典派総合の申し子を自認しているように、現実の経済問題を考えるときに実践的な指針を与えている思考法のように思われる。

最近、出版されたサムエルソン論のなかに彼のWise Sayings（直訳すれば「賢明な格言」だが、「箴言《しんげん》集」とでもいうべきか）が収められているが、そのなかの一つに「先験的な推論によって確立されうる適切な政府の役割に関するルールは存在しない」というのがある。巷《ちまた》では「大きな政府」対「小さな政府」でいまだに争っている憂うべき現状があるが、「経済的リアリズム」についての判断の正否がそう簡単ではないことを示唆する意味深長な言葉である。謹んでご冥福をお祈りしたい。

（「毎日新聞」二〇一〇年一月一二日夕刊）

第三章　文章を書く

前章で、大学院生のＭ２から「物書き」になったことに触れたが、あれから三〇年以上の時間が経って、反省も含めながら話を進めていきたい。

伊東先生は、私にこう言った。「一流の物書きは、文章が伸び縮み自由でなければならない。小さな本でも、どんな大きな本でも、八〇〇字でレビューを書けと言われたら八〇〇字、八〇〇〇字で書けと言われたら八〇〇〇字で書きなさい」と。これは初心者には難しいように思えるかもしれないが、訓練次第ですぐに身につくことに気づいた。現在、私には長短いろいろな長さの文章の依頼が来るが、定められた字数のほとんどちょうどに何でも書くことができる。これは語学のセンスと同じで、出来る人には比較的簡単だが、いつまでも苦手な人もいる。

私が最初にもらった仕事は、海外の最近の洋書（比較的小さな本も大作もあった）を四〇〇字詰原稿用紙二〇枚内で紹介（論評を含む）することだった。現在は休刊になったが、日本評論社が『経済評論』という雑誌を毎月出しており、当時の田中俊郎編集長が英断を下して連載が決まった。伊東先生の推薦があるとはいえ、編集長は大学院生が毎月洋書一冊をレビューできるのだろうか、と内心不安だったに違いない。

幸いに、私には多少の語学力があった。洋書なら中学生から読んできている。どんな大きな本でも、一週間もあれば、読んでレビューを書くことができた。「これは使える」となると、次々に依頼が来るのがこの世界の常で、大学院生時代、一番多いときは、三つの雑誌の連載をこなしていた。もはや学生なのか物書きなのか、自分でもよくわからなかった。それでも、博士論文も書いて学位までもらったのだから、実り多き二〇代だった。

シュンペーターは、学者の二〇代を「神聖なる多産の一〇年間」（that decade of sacred fertility）と呼んだことはよく知られているが、それは間違いなく当たっていると思う。その時期ほど、集中的に頭脳を働かせ、論文が書けるときは人生のなかで二度と来ない。

書き方の参考書

今回は、「文章を書く」というタイトルをつけたが、なにか秘策があるわけではない。前に触れたように、清水先生の『論文の書き方』はいまでも通用する名著なので、一読をすすめたい。アカデミック・エッセイを離れても、過去の偉大な作家たち（谷崎潤一郎、三島由紀夫、丸谷才一）が『文章読本』を書いているが、自分が中学生のときに出た丸谷才一氏の『文章読本』（初版は一九七七年、現在は中公文庫に収録）が一番印象深い。歴史的仮名遣いで書かれていたこともあるが、「ちょっと気取って書け」というアドバイスは、嫌みにならない程度なら初心者にも大事だと思う。あまり平板な文章が続くと、読者がついていけないからだ。

学者の世界では、木下星雄『理科系の作文技術』（中公新書、一九八一年）が評判が高い。「理科系」というよりは、学問的・科学的に論理展開がしっかりした文章を書けということだが、この本は、想像するに、日本語から簡単に英語に移せるような文章を書けと言っているようにも思える。もう何十年も前、故浅沼萬里氏（京都大学経済学部教授）と百万遍で一緒にランチをとったとき、その本に感激して模範にしていると言っていたが、割と几帳面なタイプの人に向いているようだ。この本の中味に真正面から反対する学者や研究者はほとんどいないだろう。英語のように主語がはっきりしていて、事実と意見を峻別した書き方をするというのは、学者の世界では常識だからだ。

ただ、故丸谷才一氏が考える「日本語らしい」文章は、必ずしも木下氏の説く文章とは同じではない。少なくとも、エッセイや小説のなかには、主語が多少曖昧で理路整然としていなくとも「名文」は少なくない。むしろそのような名文のほうが多いというべきか。私も駆け出しの頃は「理科系」に近い文章を書いていたと思う。しかし、のちに触れるように、一九九〇年代の前半に丸谷才一氏を中心とする『週刊朝日』の書評委員会に入ってから、少しずつ比較的息の長い文章を書き始めた。意識的にそうしたわけではないが、いつも「私が」「われわれが」「彼らが」等々の主語を明記するのは日本語らしくないと気づいたからだ。ただし、学術雑誌にものを書くときは例外だとことわっておく。

ところで、『経済評論』という雑誌は、同じ日本評論社から出ている『経済セミナー』と比べると、マルクス経済学系統の論文が多かったが、私がものを書き始めた一九八〇年代の後半はマル経にも昔日の力はなかったので、私は取り上げる洋書を自由に選んでいた。経済理論や経済学史の本も、もちろん、取り上げたが、著名な経済学者のエッセイに近い本や歴史の本も取り上げた。この雑誌は、韓国にも数十名の読者がいて、「次はどんな本を取り上げますか?」という問い合わせの手紙が編集部に届いたこともある。励みになった。韓国にも経済学史を学びたい学生や研究者はいるようで、私の本も、数冊、韓国語に訳されたことがある。

だが、一度だけ忘れられないミスをした。マクロ経済学の方法論を研究しているシェイラ・ダウ（Sheila Dow）の本を取り上げたとき、全体的に、「ダウは……」という書き方をしているのに、一カ所だけ「彼は……」と書いてしまった。シェイラは、もちろん、女性の名前である。あとで伊東先生に指摘されて気づいた。シェイラでは弁解はできないが、外国人の名前のなかには、男性なのか女性なのか、はっきりしないものが少なくない。要注意である。

こんなこともあった。ある本の紹介を書いて組み上がったとき、イギリスの有名なポスト・ケインジアン、ニコラス・カルドアの訃報（一九八六年九月三〇日）が伝えられた。伊東先生は、東京に自宅があるので、毎週新幹線で京大まで通っていたが、研究室に現れるなり「カルドアの一番最近の本はないかな？」と尋ねてきた。幸い、一冊あった。「すぐにその本に切り替えよう」と言って出ていったが、原稿を書くのは私だから慌てた。大急ぎでカルドア追悼の文章を入れて、原稿を書いた。一〇日ほどで無事活字になったときは、「マスコミは大変な世界だ」と思った。

出版社との仕事が始まる

あれやこれやで、海外文献紹介の連載を続けていたとき、二人の編集者から「お会いしたい」という連絡があった。一人は田中真晴氏の京大時代の教え子で、ミネルヴァ書房から名古屋大学出版会の編集部長に転じた故後藤郁夫氏、もう一人は筑摩書房で長年経済書を担当し、著名な経済学者とはほとんどすべて顔見知りという剛腕編集者、島崎勁一氏である。後藤氏も島崎氏もいずれ私の書下ろしの本を作りたいようだったが、一作目はすでに決まりつつあったので、二作目以降であればということになった（諸般の事情で、島崎氏に直接担当してもらうことがなかったのは残念である。島崎氏がNTT出版に移ったあと、部下の編集者に担当してもらって本を書いたことがあるだけである）。

具体的にいうと、海外文献紹介である程度私の名前は知られるようになったので、田中編集長から次は長めの連載をして、後に本にまとめようという話になっていた。実際、現代イギリスの経済学者たちの評伝シリーズを連載し、のちに単行本になった。ただ、私は日本評論社から出るものとばかり思っていたのだが、伊東先生がすばやく岩波書店にもちかけ、当時の編集部長、大塚信一氏（のちに社長）と担当編集者の高村幸治氏（のちに編集部長）の二人のお世話になり、岩波書店から刊行された（『現代イギリス経済学の群像

──正統から異端へ』岩波書店、一九八九年四月）。田中編集長には誠に申し訳ないことをしたが、「日ごろ世話になっている伊東先生がすることなら仕方がない」とさばさばとしていた。

評伝シリーズは、ジョン・ヒックス、ニコラス・カルドア、ジョーン・ロビンソン、ミハウ・カレツキ、ライオネル・ロビンズ、ロイ・ハロッドの六名の経済学者（ポーランド人のカレツキ以外はイギリス人）の生涯と思想を一人当たり四〇〇字詰原稿用紙で五〇枚から八〇枚程度で半年連載したものである。いまのようなＷＥＢ連載がある時代ではないので、これだけ多くの紙面を一人の大学院生に提供するのは、破格の厚遇だった。六名のなかには数名の転向者（新古典派からケインジアンへ）が入っており、生涯のどの時点でそのような思想上の転向が生じたのかを確定する必要があったので、周辺の関連文献をほとんど全部目を通さねばならなかった。そして、生涯と思想は切り離さずに書いていく、まさに評伝の正攻法をとることにした。一作目はこうして出来上がった。その年の日経・経済図書文化賞の候補にもなったが、受賞は逸した。当時、選考委員長をしていた故館龍一郎氏が日経紙面で書いていたことによれば、「まだ若いので次を期待する？」というような文面があった。それが何を意味するのか、いまでもよくわからない。

伊東先生は岩波文化人なので、私の本も岩波から出したいとかねてから思っていたのだろう。先生のデビュー作も、あの有名な岩波新書の『ケインズ』なのだから。清水先生も、ある時期までは、進歩的文化人であり、岩波文化人でもあった。だが、三〇年以上も、ものを書いて思うのは、出版社との関係は編集者次第だということだ。岩波には立派な編集者がたくさんいる。しかし、誰もが岩波と相性がよいとは限らない。私の一作目を出してもらい、その後も数冊の本を出してくれた岩波には深く感謝しているが、編集者との相性を重視してきた私は、結果的に、筑摩書房や講談社から出した本の冊数のほうが多くなった。伊東先生の期待通りに岩波文化人になれなかったことは申し訳なく思っているが、いまでも、自分の流儀でしか本が書けないので、ご寛容を請う次第だ。

初めての書き下ろしに挑む

大学院生の時代から雑誌の物書きになった私だが、初めて書き下ろしの機会が回ってきた。先に触れた後藤郁夫氏が京都に出てきたとき何度か会っていたが、「マーシャルを中心に近代経済学史を書いてみないか」と誘われた。「私は大学院生の身分ですが、企画が通りますか?」と正直に訊いた。ところが、後藤氏は、「それは間違いない。必ず通す」

と。編集者の熱意以外の何物でもない。本の企画が通るかどうかは、最終的には、担当編集者の著者への入れ込み具合にかかっている。「あの人がそこまで粘るのなら、なにかよいものがあるのだろう」と周囲は納得するようだ。実は、そうしてでも粘って企画を通した本のほうが成功する可能性は高い。私は経験的にそう思っている。

マーシャルを中心にした「書き下ろし」といわれて直観的に構想したのは、イギリスでマーシャルが学界における覇権を握っていく過程と、それが崩壊していく過程を描き切るということである。

前者は、古典派最後の大物、J・S・ミルの権威がW・S・ジェヴォンズらによる「限界革命」によって傾き始めた一方で、歴史学派や総合社会学などの台頭によって混迷を深めていた学界を、マーシャルが「総合の精神」によって再びひとつにまとめ上げていく過程を指している。後者は、マーシャルが『経済学原理』によって学界の覇権を握り、いわゆる「新古典派」の一時代を作り上げたものの、その後、『経済学原理』の論理欠陥を突くスラッファやシュンペーターなどの俊英が登場し、最後には、マーシャルが君臨したケンブリッジ学派の「要塞」内部からでてきたケインズ革命によって崩壊していく過程を意味している。

タイトルはすぐに頭に浮かんだ。『マーシャルからケインズへ——経済学における権威と反逆』と（名古屋大学出版会、一九八九年六月刊行）。私がつけたタイトル通りに出版されたのが密かな誇りであった。新米の頃は、出版社にタイトルを捻じ曲げられることが多いが、そのようにした編集者や出版社とは次第に疎遠になるものだ。良心的な編集者は、著者の意向をくんだ上でよりよきタイトルを提案してくる。

私はこの本を一か月で書き下ろした。「速い」と思う人もいるかもしれないが、分量は四〇〇字詰原稿用紙で三〇〇枚程度なので、それほど多くはない。しかも、すぐあとで目次に沿って解説するが、近現代の経済思想史の研究者であれば、その速さで書くだけの知識はあるはずだ。たとえ若くてもなければならない。若い頃の清水先生なら、これくらい一〇日もあれば書けるだろう。先生はある程度年をとってからも、例えば、『オーギュスト・コント』は、真夏の暑い東京を避けて本当は「休養」に行くはずの箱根の強羅の別荘で書いたと言っていた。

そういえば、強羅の別荘から一度電話をもらったことがあった。

S：「元気にしているかな？」

N：「京都は暑いですが、なんとか耐えています。」
S：「こちらは寒くてホットカーペットをつけてるんだ。気の乗らない仕事もあるし、元気が出ないよ。」
N：「お元気そうなお声ですが。」
S：「虚勢を張っているんだ。」

晩年の清水先生は、体調不良のせいもあるが、「虚勢を張っているんだ」という言葉をよく使っていたのを思い出す。たしかに、私が京大の大学院に行って数年後には亡くなったので、ご自身の身体の異変を察知していたのかもしれない。『「社交学」ノート――世紀末に生きる』（文藝春秋ネスコ新書、一九八六年）のようなテープ起こしの本などは、名文家の先生にはかえって負担になったと思う。残念なことだ。

『マーシャルからケインズへ』

脱線してしまった。二作目『マーシャルからケインズへ』の目次を掲げる。

この本の初版の帯には、後藤氏に紹介された故中川久定氏（フランス文学・思想の権威者で、当時は京都大学文学部教授）の文章が載っているのがミソだが、初版一五〇〇部を売り切って、一回増刷し、のちに「ちくま学芸文庫」に収録されたのだから、大学院生の書下ろしとしては大成功だった。

当時、マーシャルの経済思想は、いまほど人気のある研究テーマではなかった。マーシャルはケインズの先生といったほうが一般には通じたし、「著名度」の点では今日でもそれほど事情は変わっていない。それゆえ、マーシャルを一般の読者にも魅力的なものにみせるには、「比較経済学」の手法をとるしかないと思った。すなわち、マーシャルとジェヴォンズ、マーシャルと歴史学派、マーシャルと古典派、ワルラスとマーシャル、シュンペーターとマーシャル、ケインズとマーシャルなど、考えうるトピックスを適所に配列して一冊にまとめたわけだ。現在であれば、もっと正統的な書き方をしても読者はつくかもしれない。だが、その仕事は後進に委ねたい。

初の新書『「ケインズ革命」の群像』

一九八九年の四月と六月に立て続けに二冊の本を出したので、幸いなことに、プロの編集者で丁寧に読んでくれた人たちがいた。その一人が、当時、中公新書編集部長の早川幸彦氏だった。早川氏の名前は、雑誌『中央公論』のデスク時代から出版界では有名だった。「鬼デスク」（?）だったのか、いまでは著名な物書きの原稿を没にしたとか、故西部邁氏が自分の本のなかで早川氏の「校閲」を通ってホッとしたと書いているとか、そんなエピソードが多かった。だが、私が知り合った頃の早川氏は、若い書き手に積極的にものを書く機会を提供したいと親身になって考えてくれる「仏の編集部長」のようだった。いただいたお手紙には、一作目を丁寧に読んだ旨のことが書いてあり、「一度お会いしたい」とのこと。中央公論社は、いまでは、中央公論新社となって大手町の読売新聞ビル内にあるが、その頃は、東京駅から歩いていける距離（中央区京橋）にあった。

一通り世間話をしたあと、さっそく「新書を書いてくれないか」ときた。私はやはりまだ大学院生の身分だったので、企画が通るだろうか?と訝ったが、後藤氏のときと同じように、「必ず通すので、思いっきり書きたいことを書けばよい」と自信があるようだった。それでは、「ケインズ革命」をめぐる経済学者の群像を書いてみたいと返事したら、あっという間に企画が決まってしまった。その本は、大学院生最後の年から京大経済学部助教授（「助教授」はいまでいう「准教授」）に就任（一九九〇年四月）した年にまたがって書き上げたが、出版されたのは、次の年の夏（一九九一年七月）だった。題して『「ケインズ革命」の群像——現代経済学の課題』、内容は次のとおりである。

この本のタイトルは、「ケインズ革命」と括弧で出てくるが、そうしたのは、理論的立場の違いを反映して様々なケインズ像が存在しているからである。教科書のなかに出てくる標準的なケインズ解釈は、四五度線やＩＳ／ＬＭ分析に代表されるが、それを普及させたのは、ポール・Ａ・サムエルソンやアルヴィン・Ｈ・ハンセンなどのアメリカのケインジアンたちである。ハーヴァードの黄金時代と呼ばれる一九三〇年代に、ある者は大学院生として、またある者は若きスタッフとしてケインズの『一般理論』に取り組んだが、彼らの大部分は、ケインズ経済学研究の拠点となっていた「フィスカル・ポリシー・セミナー」（ハンセンとジョン・ウィリアムズの共同指導）に参加し、四五度線やIS／LM分析を通じてようやくケインズ革命の意義を理解した。第一章はそこから筆を起こしたが、「群像」としたからには、標準的な解釈を批判するイギリスの左派ケインジアン（ジョーン・ロビンソン）、ハーヴァード内の稀少なマルクス主義者（ポール・M・スウィージー）、初期にケインズ革命に熱狂しながらも、後に制度派経済学者となったジョン・ケネス・ガルブレイス、そして、ケインズの理論と政策の最大の批判者でありながら、弟子たちが次々にケインズ革命に身を投じていくのを止められなかった孤高の経済学者シュンペーター、等々を登場させることにした。

第二章は、舞台をイギリスに移し、ケインズが在籍したケンブリッジ大学と、ロビンズやハイエクが指導的立場にあったLSE（ロンドン・スクール・オブ・エコノミックス）との対抗関係を主軸にもってきたが、ケンブリッジ内にもケインズ革命を支持するグループと、マーシャルの伝統を守ろうとする新古典派との対立があり、LSE内にもケンブリッジの若手たちとの交流を通じて、次第にハイエク‐ロビンズのグループを離れ、ケインジアンに近づいた例（例えば、ニコラス・カルドア）もあるので、安易な単純化は危険である。それゆえ、カルドアの転向や、ロビンズ自身の動揺（ミーゼス‐ハイエク流のオーストリア学派の圧倒的な影響下にあった一九三〇年代から、大恐慌の経験を経て一部ケインズの考えを採り入れる柔軟性をみせるようになったこと）などを織り込みながら、物語をあまりに平板に描かないように配慮した。

第三章は、ケンブリッジの内部にも「革命児」ケインズを支持する者（ケインズの愛弟子たち）も、マーシャル以来の新古典派の伝統を擁護する者（ピグーやロバートソン）もいた事実に鑑み、ケインズがどこまで「伝統」とともに歩み、どこで「伝統」と袂を分かったかに焦点を合わせることにした。前にも少し触れたが、ケインズの『自由放任の終焉』（一九二六年）によって初めて自由放任主義が否定されたという、いまでもよくみられる誤解は正しておいた。

ケインズは、マーシャル経済学によって育てられたという意味で、ケンブリッジ学派の申し子であり、その共有財産を尊重していたが、ある時点で、マーシャルや彼の弟子たちに雇用量（産出量）決定の理論が欠如していることに気づき、投資決定や流動性選好における「不確実性」（確率計算によって数値化できる「リスク」とは違って、推論の基礎となる知識や情報が決定的に不足していて全く当てにならないこと）の役割を重視した「有効需要の原理」を提示した。

現代の教科書では、四五度線やＩＳ／ＬＭ分析を使った標準的な解釈が提示されているが、ケインズの愛弟子のなかに、ジョーン・ロビンソンのように、そのような「俗流ケインズ主義」を徹底的に批判するポスト・ケインジアンがいたことまではあまり触れられていない。もっといえば、ケインズ自身もまた、アメリカのケインジアンによるモデル化に反対したかもしれない論拠を幾つか示唆しておいた。

第四章は、ケインズとは独立に有効需要の原理を発見したポーランドの経済学者、ミハウ・カレツキを中心に展開する。しかし、カレツキがポーランドという経済学の先進国と離れた地でポーランド語で発表された論文が正統に評価されるまでにはずいぶん時間がかかった。彼はマルクスの経済学から出発したが、たまたま、ケンブリッジ滞在中にマルクスに関心を示し始めていたジョーン・ロビンソンと知り合いになった。彼女は、カレツキがケインズ革命の核心と類似のアイデアを含む論文を、ケインズよりも数年先に発表していた事実に衝撃を受けた。その後、彼女は、カレツキの仕事が過小評価されるのを恐れて、機会あるごとにカレツキ賛の文章を書き続けたが、そのおかげで、現在は経済学史家のあいだでは、ケインズ革命の同時発見者としてのカレツキの業績はほぼ常識になったと言ってよい。だが、経済学の教科書のレベルでは、いまだ常識にはなっていない。

カレツキは、初期から、現実の経済が完全競争市場ではなく、不完全競争や寡占がかなり広がっている市場になっている事実を踏まえて、みずからの理論にも不完全競争論や寡占理論を積極的に採り入れようとした。専門的な表現を使うと、カレツキは、所得分配の問題をミクロ理論を積み重ねることによって導き出したという意味で、「マクロ経済学のミクロ的基礎」を重視していたのである。このような思考法は、のちのポスト・ケインズ派経済学に大きな影響を与えた。

だが、マルクスを背景にもったカレツキは、ケインズ流の完全雇用政策が一時的に成功したとしても、長期的には挫折する可能性も早い時点で見抜いていた。完全雇用が近づくにつれて物価が上昇し、労資の力関係も労働組合に有利になるので（なぜなら、ある企業に解雇されても、他に雇ってくれる企業がたくさんあるなら、労働者の団体交渉力は資本家のそれに比べて強化されるからだ）、そのような事態が続くのを望まない保守派（カレツキは、具体的には、大企業と金利生活者の同盟を示唆している）が必ずや政府に圧力をかけて完全雇用政策を放棄させるに違いないし、それを「理論的」にも正当化する経済学者が現れるだろうと予言していたのである。たしかに、先進諸国では完全雇用に伴う物価上昇とともに、ハイエクやフリードマンの思想が脚光を浴びるようになった。恐るべき慧眼である。

カレツキは誠実な社会主義者で、祖国ポーランドに帰国したとき、オスカー・ランゲ流の「市場社会主義」が浸透しているのをみて幻滅を感じたという。公職にも就いたが、政治に幻滅して辞任したあと、まもなく亡くなった。悲運の生涯だった。

第五章は、ケインズ革命の形成にかかわった人たち（ほとんどは、ジョーン・ロビンソン、ロイ・ハロッド、リチャード・カーンのような有能な愛弟子たちだが、ピエロ・スラッファのように、ケインズがイタリアから呼んできた天才も含まれている）を取り上げ、ケインズ革命とのかかわりを概観している。愛弟子のあいだでもケインズ解釈の違いがあるのだが、それだけケインズの思想が多方面に関係していることの証左にはなるだろう。

新書とネットの功罪

この本は、新書としてはやや難しいほうだろうが、私の二〇代の仕事の総決算であり、いまでも完成度が高いと言ってくれる人がいる。実際、四版まで増刷したあと品切れになっていたが、五年ほど前、電子書籍として復活した。

当時はまだ「新書」を出している出版社は限られており、「岩波新書」「中公新書」「講談社現代新書」の三強時代だった。私のような新人の新書でも、初版二万五千部も刷ったくらいだった（伊東先生と書いた岩波新書の『シュンペーター』は、初刷三万五千部だった）。その後、ご承知のように、たくさんの出版社が新書市場に参入し、「新書戦争」とまで呼ばれるようになった。

新書の価格は単行本と比較すれば安いので、読者が買いやすいのは確かである。だが、以前なら単行本でしか出なかったものが新書になったり、短期的に売り上げを増やすためにアクチュアルな問題を扱った新書が増えたりしたので、従来の「教養」新書のイメージが崩れて、玉石混合の状態になってしまった。そして、読者のほうも、安くて手っ取り早く手に入る新書を読んで「学問」に触れたかのような錯覚を抱くようになった。これはよい傾向ではない。

昔、伊東先生が岩波新書の『ケインズ』を書いた。当時は先生は東京外国語大学の助教授だったと思う。『ケインズ』は、三か月で一〇万部も売れたベストセラーで、青版の岩波新書でいまでも生き残っている数少ない一冊である（すでに一〇〇万部を超えているかもしれない)。あるとき、その本を読んだ学生が、先生に文句を言いに来た。たぶん新書には書き切れない専門的なことだったのだろう。先生は一喝した。「たった数百円で学問ができると思ってはいかん!」と。

ケインズ経済学を正確に解説するには、『ケインズ』だけではもちろん足りない。新書は学生の勉学意欲を引き出すために書かれている。関心をもった学生は、もっと専門的な解説書や原典をひもといて、学び続けていかなければならない。そこを勘違いして、その学生は、『ケインズ』を読んだだけでケインズ経済学のすべてが身につくとでも思ったのだろう。いまでも、「これ一冊でわかる……」と銘打った「教養本」がベストセラーになることがあるが、一冊で教養が身につくような本はどこにもない。ちゃんとした学問を学んだ人ならば、そのことがわかるはずだ。

余談だが、最近の新書は、軽いエッセイから学術書に近いものまで、「なんでもあり」の状態になっている。だが、その本がどれくらいの量の参考文献を使っているかで本の質はある程度わかるし、読むスピードも変わってくる。単なるエッセイなら読書家は三〇分もあれば読めるだろう。決して誇張ではない。私の付き合いのある編集者は、みなこのレベルの読書家である。だが、学者や研究者でなくとも、非常に大量の文献を駆使した力作がたまにある。このような新書は多少時間をかけて読んでもよいと思う。

昔の新書は、参考文献の挙げ方が多少曖昧だった。専門家が読めば何を使ったかすぐわかるのだが、素人にはなかなかわからない。引用した文献を明記してもいない新書もあったが、これからの時代は許されないだろう。書き手に自覚が必要なのは当然だが、読む方も自分が手にしている本がどのように文献を扱っているかを意識しながら読んでほしい。

そういえば、清水先生は、欧米で出ている新書や文庫のサイズ（に近い）本は、日本のそれよりも数倍の情報量を含んでいるとつぶやいたのを聞いたことがある。たしかに、その本を翻訳してみれば、日本の新書で二巻本になっているものもよくあるので、これも誇張ではない。もちろん、例えば英語と日本語では言語の歴史や文法もまるで違うのだから、一概に量だけで判断してはならないだろう。だが、英語で「ケインズ」と名のついた小さな本が、翻訳されて厚めの四六判になったときをみたときは正直驚いたものだ。

それだけになおさら、日本の新書を読んで、学問の真髄に触れたような思い込みは危険なのだ。

インターネットが普及して、世の中は格段に便利になったが、使い方を間違うと、まともな学問は身につかなくなる恐れがある。例えば、「ケインズと貨幣」というテーマに関心をもったとしよう。Googleで検索すると、よくあるようにWikipediaが初めに出てくる。稀によくできている項目もあるのだろうが、私は、Wikipediaを参考文献に挙げたレポートは成績評価で必ず「不合格」にする。

私たちの時代は、時間がかかったかもしれないが、違う勉強の仕方をした。例えば、「ケインズと貨幣」というテーマに関心があるなら、必ず図書館に行ってケインズの『一般理論』や「貨幣」に関係する文献を探したものだ。いまの時代なら、コンピューターですぐ調べられる。このテーマについて何も知らない初学者なら、紀要論文の類は避けて、信頼できる学者が書いた専門書を探す。それらを読んである程度の知識を仕入れないと、どの学者がどのような立場でものを書いているのかがわからない。専門論文を読むのはその次である。決してインターネット上にある個人のホームページや所在明らかでない論文から読み始めてはならない。時間はかかっても、優れた学者の書いた研究書や専門論文をたくさん読んでいく訓練を積めば、インターネット上の情報がいかに玉石混合であるかがわかるはずだ。

専門書が翻訳書である場合は、図書館に原書があれば、それも一緒に借りてくるとよい。訳文が読みにくいときは原書に当たろう。誤訳や不適切訳はどの翻訳書にもある。清水先生は、みずからたくさんの洋書を訳した人だったが、他人の訳した翻訳書はほとんど読まなかった。自分で翻訳した経験があれば、翻訳の難しさは身にしみて感じていただろう。いまの学生にそれは要求できないが、研究者向けのアドバイスであれば、原書を読むべしというのはいまでも十分に通用する。

ちょっと脱線したが、私は本は四六判が基本だと思っている。自分も新書は書いているが、それはあくまでとっかかりを与えるためであって、新書でそのテーマをすべて理解してもらおうと思って書いてはいない。昔は四六判の良書が多かった。経済学の分野では、中山伊知郎『初等経済学講義』(勁草書房、一九五五年)、熊谷尚夫『厚生経済学の基礎理論』増補版(東洋経済新報社、一九五七年)、宮沢健一『日本の経済循環』(春秋社、一九六〇年)、二階堂副包『数理経済学入門』(日本評論社、一九七一年)、篠原三代平『消費函数』(勁草書房、一九五八年)、伊東光晴『保守と革新の日本的構造』(筑摩書房、一九七〇年)、根岸隆『ケインズ経済学のミクロ理論』(日本経済新聞社、一九八〇年)、等々。

新書は数万の読者に向けて書かれているが、四六判はふつう数千の読者を想定して書かれている。四六判は、本来、新書よりはレベルの高い内容を含んでいるものである。新書を読んで学問がわかった気になるのはよろしくない。見栄えからいっても、新書は英語でいえばペーパーバックに当たるので、そればかりを本棚に並べても美しくはない。もちろん、だからといって、A判（A5判）の専門書が本棚に多いほうがよいと言っているわけではない。私たち学者や研究者ならばA判の本をたくさん持っていて当然だが、それだけでは教養がある証拠にはならない。ジャンルを超えて四六判の本をたくさん持っている人こそ真の読書家ではないだろうか。

それに加えて、四六判にこだわるのは、本の装幀への関心があるからである。新書のデザインは各社で同じなので、その楽しみはない。もう二〇年以上も前、筑摩書房から本を出した頃、著名な装幀家、間村俊一氏が実に見事なカバーデザインを作ってくれて感激したことがある。いまでは、神楽坂に仕事場（「山猫軒」という名前）があるが、当時は飯田橋駅の近くに仕事場があり、担当編集者の谷川孝一氏と一緒にご挨拶に伺ったことがある。それ以来、私の単行本の多くの装幀を手がけてくれた。間村氏は単なる装幀家ではなく、句集も出している俳人であり、仕事ではパソコンもメールも使わず、昔ながらの職人肌の才人である。この本も、間村氏の装幀で書店で並ぶと思うと嬉しくなる。

さて、ある程度年季の入った研究者であれば、「文章を書く」前提に「良書を大量に読む」ことがあるのは自明だろう。本の読み方についてはハウツーものが書店に多数並んでおり、実にいろいろな工夫が紹介されている。だが、本の読み方は一通りではないので、自分なりの方法を実践で身につけなければ長続きしないと思う。

まだインターネットやワープロもない時代、梅棹忠夫『知的生産の技術』（岩波新書、一九六九年）がベストセラーになった。私は、そこで紹介されている「京大式カード」が気になって取り寄せたことがあるが、結局、私には役立たなかった。本を読むのに克明にノートやカードにメモを残す人たちはいまでも少なくないのかもしれないが、それでは、たくさんの本は読めないし、本を読むと同時に動いている脳の働きもストップするようで、私には向かなかったのである。

私は、本に線を引いたり、ほんの少し書き込みをすることはあるが、それ以上の特別のことはやったことがない。若いときからそうである。もちろん、そのままでは忘れていく恐れがあるが、同時に新しい本をどんどん読んでいるので、それでよいと思っている。自分にとってきわめて重要な内容を含む本ならば、メモはなくとも記憶に残っている。忘れるようなら、もともと大した内容ではなかったのだ、と諦めたほうがよい。

ただ、それでもメモや読書ノートに関心のある人たちのために、自分の眼で確かめたことを紹介しておく。かつて京大経済学部に、森嶋通夫（一九二三‐二〇〇四）の先生に当たる青山秀夫（一九一〇‐九二）という経済学者・社会学者がいた。ものすごく博学な人だった。青山氏は、菱山先生の門下生なら誰もが知っているスラッファの論文（イタリア語や英語で書かれたもの）も読んでいたが、京大経済学部の図書館でそれが載っている雑誌を調べたとき、驚いたと同時に尊敬の念が沸いてきた。昔のことなので、図書館の雑誌や本に多少の書き込みをするのは大目に見られていたのだろうが、例えばスラッファの論文には、パラグラフごとに簡潔な見出しようなメモが記されており、それをたどっていくだけでも、大まかな内容がわかるようになっているのだ。青山氏は、自分で本を書くとき、そのメモを頼りに記憶を甦らせていたに違いない。あまりにも立派なので、一瞬、ときを忘れた。このことを菱山先生に話したら、「あれは青山先生の字に間違いない」と返ってきたので、私の話も決して誇張ではないと信じてもらえるだろう。古き良き時代の「遺産」である。

しかし、いまの時代に図書館の本や雑誌に自由に書き込みをしようものなら大目玉を食らうだろう。書き込みをするには、自腹で本を買うしかない。新刊でも古本でもかまわないが、東京から京都に移ってきたとき、一番残念だったのは、大学周辺に学生でもお小遣いで買えるような古本を揃えている古書店がないことだった。正直に言って、古本価格が高すぎて、東京の神田に店を構えたらすぐにつぶれてしまうだろう。神田の古本屋街は、それだけ充実している。

東京にいたとき、私は毎週のように神田の古本屋街をめぐっていた。掘り出し物も見つけたし、そうでなくとも、新刊では買えない本を廉価で手に入れることができた。自分の所有物なら、どこに線を引こうと書き込みをしようと自由である。それは、いま思えば、非常に贅沢なことだった。図書館だけに頼ると、読みたい本が誰かに貸し出されていて、待ちぼうけを食らうかもしれない。「時は金なり」――そういうとき、手頃な価格で古本が手に入るのと入らないとでは大きな差ができてしまう。これだけは、東京の学者や研究者が羨ましい。

本棚の並べ方

あとよく訊かれるのは、本棚にどのように本を並べているかについてである。これも一通りではないので、一般化しにくい。いまは小さくとも京都紫野の一軒家に住んでいるので、当分は引っ越しをすることもなくなったが、それまでは大学院生から助教授を経て教授になるまで、そして教授になってからも、四‐五年の頻度で引っ越しをしていた。物書きには集中力が必要なので、マンションだと上の階のお子さんの遊び回る音、繁華街に近ければ飲み会で大声を上げる人たちの声などが気になるものだ。

しかし、私の場合、本の並べ方は、マンションでも一軒家でも基本的に変わらない。一言でいえば、いま執筆している本に使うものを近いところに並べておく。二段の本棚なら、当然、前のほうに並べる。そして、その本を書きあげたら、次に書く本に使うものを近くに置く。本を書くために必要だったものは、よほど愛着があれば別だが、今後使う頻度がほとんどなさそうなものは古本屋に引き取ってもらう。この場合も東京の古書店が親切なので、たいてい、私の古本は東に向かう。古本屋も引き取らないような「傷物」（線引きや書き込みが多すぎて価格がつかないもの）は、仕方がないので、処分屋さんに引き取ってもらう。

豪邸に住んでいて空間がいくらでもあれば別だが、限られたスペースに買った本を全部置くことはできない。忍び難いが、取捨選択をしなければならない。たまに、時間が経ってまた必要になり、同じ本を買い戻すこともあるが、それくらいの無駄は些細なことである。「決断」するときに迷ってはならない。

文章を磨く

「文章を書く」という本題に戻ろう。学者が文章を書くとき、彼や彼女は何を考えているのか。一般の読者を対象にした本の場合なら、自分が研究した成果をできるだけ論理的に読者に伝える努力をしているに違いない。これだけならば、ある程度の修練を積めばほとんどの学者は書けるようになるのではないだろうか。しかし、その文章が読者の心に残るかといえば、必ずしもそうではない。なぜだろうか、と考えているうちに、評論家の小林秀雄（一九〇二－八三）が昔書いていた文章に出くわした。

「理論上の細かい分析なぞは、評論を書き慣れた人には、そういうものに慣れない者が考える程面倒なものではない。評論家がほんとうに困難を覚える処は、ただ理論の厳正を期するという事から一歩を進め、理論が読者の心理にどういう効果を与えるか、その効果も併せ計って、評論の文章がただ理路の通った文章に止まらず、魅力ある生きた文章たることを期するという点にある。なかなか力及ばず其処まで行けないものだが、そういう覚悟で評論を書かないと何時まで経っても評論に精彩が出ないのである。
そういう点に評論の本質的な技巧があるわけだが、どういう風にその技巧を磨くかという事になると、これは小説家がその技巧を磨く方法と同様に一定した方法はないわけである。幾つも実際に文を創ってみて自得するより他はない。」(『読書について』中央公論新社、二〇一三年、一一九‐一二〇ページ。ただし、初出は、『現代文章講座』第一巻、一九四〇年三月)

学者と評論家の違いはあるが、書いてある内容は本質を突いている。難しい問題である。だが、小林氏ほどの評論の達人になると、ただこれだけ言って終わることはない。

「先ず考え次にこれを言葉にするという呑気な考え方から文学者は出なくてはならない。そういう呑気な考え方が、例えば画家についても、画で表現しようとする思想が先ず画家の精神のうちにあり、これを色で翻訳したものが画だという風な考え方をさせるのであるが、画家は実際には決してそういう事をしてはいない。色を塗って行くうちに自分の考えが次第にはっきりした形を取って行くのである。言葉を代えれば、彼は考えを色にするのではなく、色によって考えるのである。文学者に於ける言葉も亦画家に於ける色の様なものでなければならないのであって、これは文学者のうちでも一番純粋な詩人の仕事を考えればよくわかる様に、詩人の精神が言葉を駆逐するというより寧ろ言葉というものが詩人の精神を常に導いているのだ。」（『読書について』、前掲、一二四－一二五ページ）

言い得て妙である。天才経済学者ケインズの場合でも、最初から理路整然とした考えがあって『一般理論』を書いたのではない。実際、『一般理論』にはいくつもの草稿があり、書くことによって思考がより明晰になり、傍目には最初から「体系」があったようにみえるに過ぎない。天才にしてこうであれば、私たちがその域に達するのは至難というべきだろう。何度も繰り返しているように、文章の書き方も一通りではないのだ。

コラム③　根源に「不確実性」——世界金融危機に直面して

二〇世紀経済学の巨人シュンペーターは、晩年の著作『資本主義・社会主義・民主主義』（一九四二年）のある章の冒頭に、「世界はなんとわずかの英知によって支配されていることか！」という文章を掲げたことがある。社会科学ばかりでなく、あらゆる学問分野に精通していた彼は、決して世界の英知が足りないと思っていたわけではなかっただろうが、第一次世界大戦後のオーストリアで短期間大蔵大臣をつとめた経験から、英知というよりは政治的決断力の欠如から問題が放置される危険性を身をもって味わったことだけは確かである。

現在、世界はアメリカのサブプライムローン問題に端を発した世界同時不況の可能性に直面しており、毎朝、新聞を広げるたびにその関連の記事がたくさん載っているのを発見する。私は現代経済思想史が専門なので、時事問題を論じる経済学者やエコノミストの仲間入りをするつもりは全くないのだが、世界同時株安や世界同時不況の可能性など、毎日同じ問題が繰り返し報道されるのに接すると、ほんの少しだけ注意を喚起したいことがある。金融危機に陥った場合に講ずるべき対策（例えば、国際協調による利下げや、金融危機の回避のための公的資金の投入など）は、ほとんど決まっているのに、それが遅れたり実行できなかったりすることである。こちらのほうがもっと問題ではなかろうか。

バブルはいずれ崩壊することは、はるか昔からわかっていることだし、日本もバブル崩壊のあとに「失われた一〇年」といわれるほど経済が停滞したのを経験済みだから、もはや周知の事柄だといってもよい。だが、数年前になくなったアメリカの経済学者ガルブレイスは、『バブルの物語』(九〇年) のなかで、金融上の記憶というのは極端に短いのだと述べたことがある。つまり、十数年前に起こったことでも、人々はそれを忘れてしまいがちで、新たな金融商品が登場するたびにそれに熱狂し、再度バブルの隆盛と崩壊を繰り返す。ガルブレイスは、バブルの長い歴史を振り返りながら、市場にあまりにも楽観的な雰囲気が蔓延《まんえん》したときは警戒すべきときなのだと釘《くぎ》を刺した。

九〇年代にアメリカが「ニュー・エコノミー」と呼ばれるほど繁栄を謳歌《おうか》し、もはや景気循環はなくなったのだという人たちまで現れたが、歴史に照らし合わせれば、永遠の好況などはあり得ないことは明白な事実である。

もし資本主義の歴史がバブルの隆盛と崩壊と切り離せないのなら、それが崩壊したときには、できるだけ迅速に対策を講じなければならない。アメリカが金融安定化法の制定に動き出したときは、誰もが期待感を抱いたが、一度下院で否決された後、修正の末にやっと成立したとなれば、効果は半減するだろう。不良債権の買い取り価格がどうなるかなど不透明な部分があるなどの問題は、この場合、二次的なものに過ぎない。その後の対応も、共通通貨ユーロをもつヨーロッパ諸国と比べると、後手に回っているようにみえる。

金融危機問題の根源には、ケインズの言葉を使えば、先が全く読めない「不確実性」がある。金融危機の際の流動性への逃避とは、つまるところ、将来に対する不安を測るバロメーターなのであり、この不安を鎮めなければ、悲観が悲観を呼ぶという悪循環に陥り、本当に深刻な世界同時不況が生じるかもしれない。一説には、三〇年代の世界大不況を上回るほどの苦境に陥っているともいうが、今では、迅速な対応や国際協調の必要性など世界は多くを学んでいるはずであり、そのような悪夢は再現しないと信じたい。むしろ必要以上に悲観することは、あまりにも楽観的になるのと同じように、問題をこじらせるだけだということを認識すべきではないだろうか。

(「朝日新聞」二〇〇八年一〇月一六日)

第四章　書評の仕事について

私は、現在、ほぼ定期的に『日本経済新聞』『東京新聞』『週刊朝日』の読書面に書評を書いている。それ以外を数えると、もっと多くなる。どうしてこんなに書評の依頼が来るのか、自分でも不思議だが、そのきっかけを与えてくれたのが、作家の故丸谷才一氏であったことは間違いない。

京大で教鞭をとるようになってから数年が経過した頃、『週刊朝日』編集部のデスクから手紙が届いた。そのデスクは、作家の故池波正太郎氏の連載を担当したこともあるベテランだった。手紙には、丸谷氏の推薦があり、『週刊朝日』の書評委員を引き受けてほしいとあった。実は、丸谷氏には一作目を献本したとき、丁寧な礼状をもらったことがあったのだが、私のことをそれほど知っていたとは思えない。もともと、『週刊朝日』の書評委員は、伊東先生から中村達也氏（伊東先生の東京外語大時代の教え子で、その後、一橋大学の大学院に進学した。中央大学商学部教授を長くつとめた）にバトンタッチされていたが、その頃、中村氏が目の病気で書評委員を退いていたので、たぶん伊東先生と丸谷氏のあいだで何らかのやりとりがあり、私に依頼が来たのではないだろうか。

打診されたとき、私はまだ三〇歳だったので、錚々たるメンバーを揃えた『週刊朝日』の書評委員がつとまるかどうか一抹の不安があったのだが、丸谷氏が懇切丁寧に仕事内容を説明してくれたので、引き受けてみようと思った。

『週刊朝日』と『毎日新聞』での書評

『週刊朝日』の書評委員会は、月に二度、当時ソニービルの地下にあったフランス料理店、マクシム・ド・パリか、赤坂の日本料理屋「たつむら」の部屋を借りて開かされた。どちらも高級なお店である。マキシムでもたつむらでも、お料理が出てくる前に三〇分ほどたくさん並んでいる新刊から各自気に入った本を持って帰る。編集部には全国から本が送られてきたが、それだけでは足りないので、編集部員が評判よい本やベストセラーなどを買ってくるのである。

本を袋いっぱいに入れ終わると、いよいよ、丸谷才一氏が主宰している書評委員会が始まる。ただ、みな食事しながら話を聞いているので、委員会というよりは飲み会に近いというべきか。それでも、丸谷氏がいま文壇や論壇で評判になっていることを紹介し、必要とあらば、それぞれ専門が違う書評委員の先生方に質問が飛ぶこともある。国際政治は猪口邦子（上智大学教授、肩書はすべて当時のものを使う）、日本史は五味文彦（東京大学教授）、文芸関係は故向井敏、三浦雅士、秋山駿、等々、一流の批評家ばかりである。その隅に私も入ったが、みなさま意外にフレンドリーで若い新参者に接してくれた。

猪口さんはまだお子さんが小さかったので、赤ん坊を抱いて委員会に来たこともある。五味氏は、足利時代についての私の質問に丁寧に答えてくれた。三浦氏は、当時『ダンスマガジン』（新書館発行）の編集長もしていたので、思いがけずクラシック・バレーについての文章を依頼された。バレーはたまにしか観ないが、マラーホフとモスクワ・クラシック・バレー団のことを書いた覚えがある。等々、いろいろと勉強させてもらった。

さて、私は経済学の専門で書評委員になったと思っていたので、最初は、経済分野を中心に書評を書いていた。ごく初期の書評から一つを紹介する。

『資本主義のシステム間競争』今井賢一著（筑摩書房、一九九二年）

社会主義経済の崩壊が明白になった現在、経済学者の関心は、いかなる形態の資本主義かという問題に移ってきたようである。

たとえば、日米構造協議におけるアメリカの対日要求の中には、「系列」に代表される我が国独特の企業間関係批判が見られるけれども、これなどは、資本主義にも色々な型のシステムがありうることを暗示しているように思われる。今井賢一氏による本書も、「システム間競争の時代」をキーワードにした新しいタイプの経済体制論と言えるかもしれない。

では、なぜ「システム間競争」という言葉を持ち出すのか。それは、著者によれば、市場競争が単なる財・サービスの競争から生産・金融・研究開発などを含めたさまざまな次元のシステムとしての競争に変容してきた事実を強調するためである。現代は、そうしたシステムを意図的に創り出すことを競う時代だというのである。そして、そのために重要な役割を演じるのが、シュムペーターの強調した企業者精神である。

だが、『情報ネットワーク社会』（岩波新書）という名著もある著者は、それにユニークな解釈を加えていく。つまり、シュムペーターのイノベーションとは、「経済社会の中に新しい文脈を作ること」であり、企業者とは「企業の内外に仕事を連結し、調整してゆくネットワークを作る」人であると定義するのである。これを押さえておけば、本書の主張はかなりわかりやすくなる。たとえば、市場は価格メカニズムによって、組織は権限によって動くと考えるのが普通だが、実は、価格メカニズムが働く前に、「仕事の段取りにかんする枠組みの調整」が行われているし、同様に、組織においても、権限が発動される前に、権限の内容や範囲についての調整が行われるという。したがって、市場と組織は、「企業者による調整」（企業間関係の設定）を媒介にして連結されることになる。

著者は、この企業者による調整が「協力ゲーム」であることに注目し、それゆえ、市場と組織の長所を組み合わせることができるのだと主張するのである。

では、著者は、そうした企業間関係を設定した我が国の「系列」を無条件に礼賛しているのかといえば、もちろんそうではない。本書では、これからの日本企業の課題として、企業間関係の場を広げ、世界の企業との連結を強めていく必要が具体例も含めて語られている。

ただし、そのことがただちに我が国のシステムの正統性の主張につながると楽観的に考えることはできないし、本書で「見えない拘束」として触れられている不透明な部分の解剖にいま少しメスを入れるべきかもしれない。（「週刊朝日」一九九二年六月一九日号）

いま書いている文章よりも下手かもしれないし、それほど変わっていないのかもしれないが、著者の今井賢一氏とは、筑摩書房の島崎氏とホテルフジタ京都（いまは、ザ・リッツ・カールトンホテル京都になってしまった）のバーに行ったとき、偶然遭遇して自己紹介した。今井氏は、私が書いた書評も読んでいたが、「もっと歳が上の人かとおもっていた」とポツリ。そうだ、その頃は、私はまだ三〇歳になる前だから若かったのだ。島崎氏は今井氏の本を長く担当してきたので旧知の仲で、打ち解けた雰囲気で楽しい時間を過ごした。

書評委員を引き受けるときに決めていたが、私は、決して取り上げる本の悪口だけを書いて終わるような書評は書くまいと思っていた。著者の主張に同意できなくとも、内容をできるだけ正確に『週刊朝日』の読者に伝えた上で、問題点があればそれを補足的に示唆しようと。いまでも、たまに批判ばかりしていて、本の内容が全くわからない書評を見かけるが、それは書評のルールに反していると思う。私ならそんな欠陥の多い本なら取り上げない。

幸い、丸谷氏も同じような考えをもっていたので、私の下手な書評を温かい目で見守ってくれたのだろう。しばらく経ってこう言われた。「根井さん、そろそろ分野の違う本も取り上げてみてはどうですか？　読書家としてのあなたが異分野の本をどう評するか、関心があります」と。私も経済の本ばかり読んできたわけではないので、異分野の本を取り上げるのも悪くはないと思っていたが、書評委員には各分野の専門家が揃っているので、多少の遠慮があった。だが、丸谷氏が推してくれたので、たまにはそうしようと思った。

（丸谷才一氏が主宰する形の『週刊朝日』の書評委員会のシステムは、私が書評委員になってから数年後、事実上、廃止になり、丸谷氏ほかは毎日新聞の読書面で書評を書くことになった。私もしばらくして毎日新聞の書評委員になったので、この辺の記憶は錯綜しているが、異分野の本を取り上げるようになったのが『週刊朝日』誌上であったことは間違いない。）

歴史と音楽分野を多く取り上げる

長い書評歴を振り返って、異分野の本のなかで一番多く取り上げたのは歴史と音楽だと思う。歴史は日本なら中世から近世、世界なら近代をよく読んできたかもしれないが、時代に関係なく、多くの書評や短評を書いた。音楽は評伝の類が多かったが、最近は、音楽とリベラルアーツとの関連を掘り下げた本なども取り上げている。
これも初期に書いた歴史書の書評を披露してみる。

『士《サムライ》の思想』笠谷和比古著（日本経済新聞社、一九九三年）

笠谷和比古氏の仕事では、やはり『主君「押込」の構造』（平凡社）が一番印象に残っているが、本書は、前作の成果を利用しながら、専門の歴史学の立場から「日本型組織」の解明に挑戦した野心作である。歴史家がこのテーマを論じたものが意外に少ないだけに貴重な一書になると思う。

さて、本書の面白さは、織田信長の組織革命とその挫折の経験から日本型組織の成立を説明する斬新な仮説を提示しているところである。戦国時代、全国各地の武士領主にとっては、権力集中を伴うタテ型組織を構築することができるかどうかが死活問題であったが、織田信長はそのカリスマ的能力によって極めて峻烈で専制的な政治体制を創ることに成功した。

しかし、それは同時に凶暴残虐な恐怖政治をも意味していたから、それに対する家臣団の側からの防御的な抵抗（明智光秀の謀反）を招き、結局、挫折してしまう。かくして、

「信長の政治体制の画期的な意義と、しかしそれと相容れない個別領主たちの自立性の問題」、この矛盾の解決が徳川時代の大名家（藩）の組織に委ねられたという。

大名家（藩）は高度なタテ型組織であったが、しかしそれは藩主や上位者の意向が下部に向かって専制的に貫徹するものというよりも、組織成員全体の意向が末端から組織中央に順次汲み上がっていくような工夫がなされていた。

たとえば、政策や法令の作成には、単に家老や重臣のみが参加するのではなく、行政的な諸役人の意見が実質的に主導的な役割を演じていた（「諮問‐答申型」や「禀議型」による実務役人層の決定参与）。こうした合議決定型の意思決定の下では、藩主のみが強大な権力をふるうというわけにはいかず、その権力は自余の者の「持分」に応じた決定力によって制約されざるをえないのである（「持分」型モデル）。

笠谷氏によれば、日本の社会によく見られる「話し合いによる決定」という方式も、「形式的平等」（無記名投票による多数決型決定）を回避し、「必然的に成員がそれぞれ具体的に有している、勢力や支配力（「持分」的な力）に応じた発言力が作用することを意味している」のだという。そこでは、勝者と敗者の区別が曖昧になる一方で、参加者のほとんどが応分の見返りを期待できるような決定がなされるわけである。これが日本型組織と呼ばれるものの特徴であることは言うまでもないが、笠谷氏の主張では、その根源は近世的秩序にあるのである。

日本型組織の成立を説明した笠谷氏は、次に徳川吉宗と上杉鷹山を例に日本型組織におけるリーダー像を、そして最後に日本型組織が近代化に果たした役割を論じていくが、基本的な主題は同一であり、それを歴史家らしい知見で論証したものと捉えることができるであろう。もちろん、幕末・明治維新期の解釈には納得できないものもあるが、経済や経営の専門家ではなく歴史家が日本型組織を極めて魅力的に論じた試みとして一読を薦めたいと思う。（「週刊朝日」一九九三年一二月一七日号）

これは、笠谷和比古氏の本を初めて取り上げた書評である。「歴史」には関心があるが、いきなり本丸に切り込むのではなく、「日本型組織」の歴史的研究を批評してみようと思った。日本は、中根千枝氏の名著『タテ社会の人間関係』（講談社現代新書、一九六七年）が指摘するように「タテ型社会」なのだが、それが歴史的にどのように形成されてきたか、まだ十分な論証がなされていなかった。ところが、笠谷氏の本は、日本型組織の根源が近世的秩序にあるというユニークな主張を展開していた。その後、折に触れて笠谷氏の新著を取り上げたので、著者から礼状をもらったことがある。

もともと、中世から近世への歴史に関心をもったのは、足利義満の王権簒奪計画に新たな光を当てた今谷明氏の『室町の王権』（中公新書、一九九〇年）を心から楽しんで読んだからである。今谷氏は、典型的な「問題提起」型の歴史家で、学界に論争を巻き起こすことに長けていた。いつかは今谷氏の本を取り上げたいと思っていたが、『週刊朝日』の書評委員を続けるうちにやがてその機会が訪れた。以下に、その書評を載せることにしよう。


『武家と天皇』今谷明著（岩波新書、一九九三年）

『室町の王権』（中公新書）以来、今谷明氏の啓蒙書は大抵読んできたが、本書はそれらの集大成とも言える本である。

戦国時代に天皇の勢威が衰退したというのは私たちが学校教育で教えられた歴史であるが、今谷氏の『室町の王権』は、室町殿に奪われていた官位叙任権の復活に典型的に見られるように、天皇家の勢威は衰えたどころか上げ潮にのっていたのだということを詳細に論証した点がとても斬新であった。織田信長の政権の下では、祭祀権の復活も顕著になったが、『信長と天皇』（講談社現代新書）では、御馬揃の圧力も交えた信長の譲位要求に屈しない正親町天皇の老獪さが描かれていて、これまた面白かった。では、豊臣秀吉はどうか。本能寺の変以後頭角を現した秀吉は、清洲会議で配分された畿内近国を武力統一することはできたが、長久手での敗戦によって三河以東を制覇することはできなかった。東と西を武力で再統一するという秀吉の試みは挫折したわけだが、今谷氏はここから秀吉の武力一辺倒でない新たな統合の方法への模索が始まったと見る。秀吉が選んだのは、ご承知のように、「武家関白」の道である。秀吉が関白として発給した文書を検討すれば、彼が長久手の敗戦によって克服できなかった西と東の壁を、天皇の意思を執行するという形で突破しようとしたことが読み取れるという。

しかし、小田原の北条氏を滅ぼした後で、なぜ秀吉は征夷大将軍になろうとしなかったのかという素朴な疑問が生まれるが、今谷氏は次のように言っている。「これは、すでに近衛家の猶子となって、太政大臣にもなってしまった（一五八六年）手前、もはやできることではなかったと考えるべきであろう。後知恵ではあるが、秀吉は関白につくべきではなく、あくまで家康を武力で打倒すべきであったのかもしれない。だが、実際の歴史の進行に即してみるならば、天皇の権威をかりなければ、統一がはたせなかったことも、また事実であった」と。

秀吉の「王政復古」政策とは違って、徳川家康の天皇観は公武の弁別であり、天皇家を政治の場から遠ざけ、故実・学問の領域に専心させることを一貫して狙った。その結果、信長ですら左右できなかった皇位継承決定権を武家側に取り戻し、天皇の政治的封じ込めに成功する。ただし、「天皇から将軍に任官されるものが、天皇を凌ぐ王号を犯すという矛盾を超克する理論を、ついに江戸幕府はもてないのである」。

この矛盾は、後に、王政復古としての明治維新によって解決されるが、それにしても、危機において民族のアイデンティティが神国思想に求められるという、日本史に何度も現れる構造を秀吉政権の特徴として論じたところが面白い。

ところで、今谷氏は、本書の出版を機にこのテーマを離れ、本来の室町時代史の研究にもどるという。今度は、ぜひ、私たち歴史愛好家にその時代の話をまた斬新な切り口で紹介していただきたいものである。（「週刊朝日」一九九三年八月二七日号）

今谷氏とは、岩波書店の一階ロビーでバッタリと会ったことがある。私が書評を書いたことをとても喜んでくれたばかりでなく、自分が京大経済学部出身で、大蔵省勤務を経て京大文学部の大学院に入り直して歴史を学んだことなどを率直に話してくれた。『週刊朝日』の書評委員会で顔を合わせる五味氏からは、学界の「異端児」のような話を聞いていたが、私が今谷氏から受けた印象は、どちらかといえば、歴史研究への熱い想いを心に秘めた真摯な研究者というイメージだった。

異分野では歴史と音楽が多かったと書いたが、音楽といっても、音楽家の評伝や多少とも歴史に関係のあるテーマ（第三帝国と音楽・芸術の関係）を扱った本が大部分を占めている。毎日新聞の書評委員になりたての頃、「第三帝国」における音楽と政治の関係に迫った力作を取り上げた。これも読んでもらうことにしよう。

『第三帝国と音楽家たち』長木誠司著（音楽之友社、一九九八年）

本書は、第三帝国すなわちナチ時代における政治権力と音楽家たちとの様々な関わり合いを、豊富な文献読解によって跡づけた力作である。

一九世紀以来、ドイツ語圏の音楽学の領域や音楽ジャーナリズムでは、多くのユダヤ人たち（ハンスリック、コルンゴルト、ベッカーなど）が健筆をふるっていたが、ヴァイマル時代になると、ユダヤ人批評家たちが、「斬新な音空間と舞台空間」で脚光を浴びた劇場に足を運び、その斬新さにもかかわらず好意的な評価を与えるという構図が出来上がっていた。劇場で指揮棒を握ったのは、やはりユダヤ人の指揮者たち（クレンペラー、ツェムリンスキー、ツヴァイクなど）だが、とくに、わが国でも根強いファンの多いクレンペラーが活躍したクロル・オペラでは、ヒンデミット、ストラヴィンスキー、クルシェネク、シェーンベルクなどの前衛的な芸術作品が次々に舞台にかけられていった。

だが、ヴァイマル時代の音楽界の動向は、決して前衛一色ではなかった。著者によれば、ヴァイマル時代は、他方で、理想的な民主国家を謳った共和国の精神とヴェルサイユ条約の莫大な賠償金にあえぐ国民の現実との不調和、政治不安や経済恐慌に対処できない政党乱立の議会制の無力を前にして、国民の多くが民族主義的なイデオロギーに共感し始めた時期でもあった。前衛的な芸術作品を支持したのは一部の知的ブルジョアだけであり、第一次世界大戦後に生じた没落中間層（農民、商人、手工業者たち）は、都市的・都会的なモダニズムへの反発から、むしろ古来のドイツ的な価値に信を置き、後には多くがナチズムの支持者となっていったという指摘は重要である。

第三帝国が成立してからは、ユダヤ人を合法的に排除し最後に残ったアーリア人の音楽家たちを「一元化」によって統一的に把握する組織として、全国文化院（総裁は国民啓蒙・宣伝大臣のゲッベルス）のなかに全国音楽院が設立されたが、その総裁を引き受けたのが有名な作曲家のリヒャルト・シュトラウスである（総裁代行もまた有名な指揮者のフルトヴェングラー）。ちなみに、ヒトラーが、ヴァーグナーやブルックナーとともに、シュトラウスの音楽を好んでいたことは周知の事実だが、一説には、シュトラウスが総裁に就任したのは、それを機会に、音楽家の生活状況の改善、軽音楽や娯楽音楽とは区別されたシーリアス音楽の演奏頻度の増加、著作権の改善を実現しようとたからだという。たしかに、彼はユダヤ人に対して鷹揚だったが、それでも、後にヒンデミット事件で当局と対立しながらも最後にはゲッベルスと「和解」したフルトヴェングラーとともに、彼がナチの音楽政策に利用された事実は動かしえないだろう。

本書は、小さな本でありながら、他にも、亡命した音楽家たちの浮き沈みや、ゲットーの塀のなかでの音楽事情（例えば、親衛隊員の慰安のために演奏する収容所オーケストラ）、ナチ時代の音楽生活（例えば、ヒトラーユーゲントの教育現場における音楽利用）、さらには亡命してきたユダヤ人音楽家グルリットを通してみた当時のわが国の音楽事情までを実に手際よくまとめている。

音楽と政治を一緒に考えたくない読者もいるかもしれないが、わが国でもファンの多い音楽家たちが政治権力と微妙な関係を取り結んでいた頃の時代背景を知るには格好の

読み物である。(「毎日新聞」一九九八年六月一四日)

私は、以前から、第三帝国内の音楽家たちの苦悩と葛藤(ドイツにとどまったリヒャルト・シュトラウスやヴィルヘルム・フルトヴェングラーにも、ユダヤ人であるがゆえにドイツを追われたブルーノ・ワルターやオットー・クレンペラーなどにも苦悩と葛藤があったと思う)に関心があったので、その後もこの分野の本をよく取り上げた。

読書面は新聞によってちょっと違うが、署名入りの大きめの書評と、署名なしの短評があるのがふつうである(短評は誰が書いたか全くわからない新聞もあれば、漢字一字の署名があるために誰だかある程度わかる新聞がある)。毎日新聞の場合、署名入りの書評は二-三週に一度、短評は随時書けばよいことになっていたが、つねに短評が払底状態だったので、私はほとんど毎週のように書いていた(「雅」という字を使ったので、すぐに判別できた)。

だが、かつて伊東先生に叩き込まれたように、物書きは伸び縮み自由に文章が書けなければならないと思っていたので、二〇〇〇字でも一二〇〇字でも四〇〇字でも、応用は自在だった。分厚い本を四〇〇字で短評が書けるようになるには、ある程度、修練が要る。次の二つの短評は、いずれもかなり分厚い本を短い字数で評したものである。

『岩倉使節団とイタリア』岩倉翔子編著（京都大学学術出版会、一九九七年）

岩倉使節団は、一八七三年の五月から六月にかけてイタリアを訪問したが、その後の明治政府がイタリアを新生日本の国家モデルにとらなかったこともあって、今日に至るまで、当時の日伊交流についての研究はあまり活発に行なわれてこなかった。本書は、イタリア国立中央古文書館と外務省資料館において大量に発見された新資料を活用した新しい研究である。一九世紀後半、イタリアでは「微粒子病」の蔓延によって絹の原料生産は危機に瀕しつつあった。イタリアの東洋に対する関心も絹市場と無関係のものではなく、イタリア政府が絹市場の要求に敏感なブレッシャ出身の外交官アレッサンドロ・フェ・ドスティアーニを東京公使に任命したのもそれと無関係ではない。彼は、使節団のブレッシャ訪問と、一行の市当局や養蚕業界関係者との接触の場を設けるという計画の立案者にもなったが、久米邦武編『米欧回覧実記』には、ブレッシャ訪問のことは一切記されていないという。今後の研究に一つの弾みを与えるに違いない。（「毎日新聞」一九九七年九月二八日）

『ジェラール・フィリップ―伝記』ジェラール・ボナル著／堀茂樹訳（筑摩書房、一九九六年）

フランス映画のファンなら、『肉体の悪魔』『モンパルナスの灯』『赤と黒』等々の映画に主演した往年の名俳優ジェラール・フィリップ（一九二二‐五九）の名前を懐かしく思い出すだろう。彼が成長していく過程には、人民戦線、スペイン戦争、ナチスによるフランス占領などの動乱がいくつも発生した。彼も戦争末期にはレジスタンスに参加してはいるが、しかし、それらの事件も若い彼を心の底から揺り動かすことはなかった。ところが、父親が対独協力の罪で逮捕、仮釈放中のスペイン亡命、そして被疑者欠席のまま死刑宣告という辛い体験を経て、ジェラールは変身を遂げる。その先には、政治に目覚め、フランス舞台俳優組合委員長を務める彼の姿がある。女優のマルゴ・リオンは、「彼の演技には絶望に彩られた情熱が籠もっていました」と回想しているが、それゆえ、死後四〇年近くも経つというのに、いまだに人々を惹きつけるのかもしれない。（「毎日新聞」一九九六年七月一日）

丸谷氏は、相変わらず、よき「教師」で、私が書いた書評が気に入ったときは、丁寧に激励の葉書を書いてくれた。「あれはよかったね」と。いまでもよく覚えているのは、『香港回収工作』という本を書評したときだ。この本は私が選んだというよりは、懇意にしている編集者が献本してくれたからたまたま手にとったわけだが、とても面白いので、すぐ次のような書評を書いた。

『香港回収工作（上・下）』許家屯著／青木まきこ、小須田秀幸、趙宏偉訳（筑摩書房、一九九六年）

許家屯《きょかとん》という名前を聞いて直ちにどういう人物か思い浮かぶのは、中国の現代政治史に精通した人に限られるかもしれない。現在の彼は、北京指導部の追及を逃れ、アメリカで亡命生活を強いられているが、では、なぜ彼は香港で新華社香港支社長および香港マカオ党工作委員会書記（一九八三－九〇）として多くの実績を上げたにもかかわらず、北京指導部と対立しなければならなかったのか。

一九一六年、中国の江蘇省に生まれた彼は、二二歳の時に共産党に入党し、抗日戦や国共内戦をゲリラ部隊を率いて戦った経験の持ち主だが、一九五六年、四〇歳の時、省党委員会書記処書記・副省長に就任し、江蘇省の経済指導を任されることになった。文化大革命（一九六六－七六）の時期には、「走資派」（資本主義の道を歩む実権派）として批判され四年間職を失ったが、一九七〇年に復職、「四人組」逮捕後は江蘇省の党委員会第一書記・省長・省軍区第一政治委員に就任した。許家屯の名前が上がったのは、彼が「社隊企業」（農村にある商工企業のことで、今の「郷鎮企業」に当たる）の発展と「小城鎮」（農村にある商工業の集中地域）の工業化を推進し、一九七九年には省の工業総生産を上海市を凌ぐ全国一に飛躍させたときである。

しかし、省内の保守派の抵抗もあって、彼も一九八三年には危うく解任される寸前まていった。それを救ったのは、その最中たまたま一家で旧正月の旅行先に江蘇省を選んでいた鄧小平であった。鄧小平の指示で党政治局常務委員会は、いったん許家屯の留任を決定したが、保守派はさらに党長老の力を借りて巻き返しを図り、結局、妥協策として許家屯の香港転出が決まるのである。だが、許家屯は、経済指導にかけては実績を持つとはいえ、それまで外交の経験のない「田舎幹部」に過ぎなかった。しかも、党中央は香港の主権回収後も香港で「一国二制度」の実験を行なう方針を決定しており、それゆえ、香港での任務は極めて特殊なものになることが予想された。許家屯は言う。「共産党員自らが「香港の制度を少なくとも五十年は変えない」と資本主義を擁護し、資本主義経済の繁栄の継続を確保しなければならない、のである。かつて、こんな複雑きわまりない役回りを背負わされた「共産党員」など、存在したためしがあっただろうか」と。

さて、初めて香港の土を踏んだ許家屯は、まず、積極的に外部の世界を視察し、香港のあらゆる階層の人々と親しく付き合うことから仕事を開始した。香港の現状を正確に把握したいという彼の情熱の成果は、早くも三ケ月後には、「香港情勢」報告となって現われた。その報告は、党中央から高い評価を得ることになるが、その基本的な考え方は、中国による香港の主権回収後の「変化」を恐れて資本流出や移民がまさに増大しつつあるという「世紀末的雰囲気」を打破するために、「イギリス資本を引き留め、華人資本を逃さず、華僑・台湾資本を取り込み、欧米外資を誘い込み、中国系資本を増大させる」ことを当面の方針とするというものであった。だが、共産党員にして資本主義を擁護する側に回るという倒錯した立場が、次第に、彼の頭のなかに「異端」の思想を育んだとは言えないだろうか。例えば、彼は調印に漕ぎ着けるまで難航した「中英共同声明」に触れた後で次のように言う。「将来の「香港人による香港統治」の本質は、ブルジョア階級を主体とした各階層の連合政府ということであり、これは、大陸のプロレタリア独裁や人民民主専制といった形式とはまったく異なるものだ（大陸のこうした現状は、経済改革の進展に応じて将来的には変わり得ると、いまの私は考えている）」と。

一九八九年六月四日、北京で天安門事件が起こった。その直後、香港でもかつてない規模で抗議運動が盛り上がった。許家屯自身の心の動揺も激しかった。「このときの私の心のなかの葛藤と激しい怒りはことばではとうてい言いつくせるものではなかった。共産党は変わった。北京の「共産党員」と称している連中の心は変わったのだ」と。結局、彼は「六・四天安門事件」の際にとった民主化運動寄りのスタンスを疑われ、事件後に北京指導部の権力を掌握した人たちから追及されるようになるが、幸運にも、彼らの手にかかる直前にアメリカへと逃れることができた。

許家屯は、香港返還をめぐる中英交渉の舞台裏を中国側から語り得る貴重な証言者だと言えるが、この本を読むと、単にそれのみならず中国の権力闘争の凄まじさを目の当たりにするようで非常に迫力がある。また、巻末に付録として収められた三つの論文のなかには、ニューディール以後の修正資本主義を再評価し、彼が混合経済論者と言っても差し支えないような立場に接近していたことが明確に見て取れる。それにもかかわらず、彼は、今でも「一人の社会主義者、共産主義者として生きようと思っている」とい

う。彼の悲劇の始まりは、この辺の認識のギャップにあると考えるのは私だけではあるまい。（「毎日新聞」一九九六年七月八日）

私は現代中国政治の専門家ではないが、「香港回収工作」の任務で香港に派遣された中国共産党員が次第に党の公式見解とは違う「異端」の思想に傾き、天安門事件のあとにアメリカに亡命することになるストーリーは、読みながら専門外の私でも惹き込まれた。それが丸谷氏にも伝わったのなら、こんなに嬉しいことはない。

毎日新聞の書評委員は、四年ほどはつとめたと思う。たくさんの本を読み、たくさんの書評を書いた。同時にたくさんのことを学ばせてもらった。しかし、ちょっと体調を崩したとき、この辺でと思って書評委員から身を退いた（二〇〇〇年秋頃だったか）。

『信濃毎日新聞』『日本経済新聞』などでの書評

だが、それから数年経ったとき、今度は、信濃毎日新聞の書評委員になってほしいという依頼が来た。信濃毎日新聞は伝統ある信州の地方紙だが、共同配信の書評ばかりでなく、独自の書評委員制度をもっていて、読書面はその二本立てで構成されていた。

書評委員は自由に本を選ぶことができたので、数年間、楽しみながら仕事をさせてもらった。次の二冊も、私が自由に選んで書評を書いた。

『ケネディ――「神話」と実像』土田宏著（中公新書、二〇〇七年）

ジョン・F・ケネディ（一九一七 - 六三）の歴史的評価は、それほど簡単ではない。これまでにも、ケネディに関係する本は数え切れないほど出版されてきたが、書き手の政治的な立場や宗教などによっても評価が微妙に変わってくるからである。

大統領に就任してからのケネディは、内政面では、公民権法案（ただし、法案成立は暗殺後の一九六四年）や最低賃金の引き上げなどのリベラルな政策を推進しようとしたが、彼の存命中は、内政面の業績よりは国際関係の緊張に対応することにしばしば苦慮したのも事実である。ベルリンの壁をめぐる危機も一例だが、アメリカに近いキューバにおけるソ連のミサイル基地建設に端を発する危機はもっと深刻だったかもしれない。ソ連のフルシチョフは、当初ケネディの力量を過小評価していたふしがあるが、海上封鎖（軍部はもっと強硬だったが）も辞さないケネディの断固たる決意と粘り強い外交交渉によって米ソ間の核戦争の危機は回避された。本書は、この間の情勢の変化を克明に記録しており、舞台裏を知るにはまたとない読み物となっている。

だが、ケネディが若い頃から健康不安に悩まされ続けたこともいまではよく知られている。また、ケネディ家が赤狩りで有名な政治家マッカーシーと懇意であったこともあって、上院議員時代、マッカーシーの譴責決議には棄権という苦渋の選択を強いられたが、その事実は、のちにリベラル派からも猜疑《さいぎ》の目で見られる原因となった。さらに、暗殺直前にはベトナムからの完全撤退を考えるようになったというけれども、その前にベトナムに派遣した軍事顧問や特殊部隊に実際の戦闘行為に加わることを彼が許可してしまったことがベトナム戦争につながる問題の根源にあるのではないかという批判も消えない。

それにもかかわらず、終章に出てくるエピソード（つまり、バーナード・ショーの言葉を借りて、夢の実現に向かって進んでいこうとした彼の生きざま）を読むと、著者が基本的にケネディの生涯を温かい目で見ているのがわかる。その意味では、「ケネディ神話」は、まだ続いていくのかもしれない。（「信濃毎日新聞」二〇〇八年二月三日）

『マーラー』村井翔著（音楽之友社、二〇〇四年）

「僕の時代が来るだろう」というマーラーの予言は、確かに的中した。今日では、マーラーは、ベートーヴェンやブラームス以上に人気のある作曲家となった。それだけに、マーラーの評伝を書くのは容易ではない。参照すべき文献は内外に山ほどあり、作曲家の内面に入ろうとすると、フロイト流の精神分析まで持ち出される。だが、大学でドイツ文学を学び、現在はフロイト研究家である著者がマーラーの評伝を任されたのは、まことに幸いであったと思う。一筋縄ではいかないマーラーの人物と作品を、これほどコンパクトな本にまとめ上げた力量は特筆すべきである。

ボヘミアで生まれたユダヤ人が、みずからの優れた音楽の才能を武器に数々の歌劇場を渡り歩きながら、ついにはウィーン宮廷歌劇場の監督にまで登り詰めていく物語は、いまでは、周知の事柄である。だが、指揮者としてのマーラーではなく、作曲家としてのマーラーを考える場合には、アルマとの結婚（一九〇二年）から死（一九一一年）までの期間がやはり重要である。

マーラーは、わが国では本書で初めて詳しく紹介されたアルマ宛の手紙（一九〇一年一二月一九日付）にあるように、家父長制イデオロギーをうかがわせるような高圧的な調子の文章を書いている。だが、著者は、この手紙のなかに、マーラーのアルマに対する劣等感を逆に見て取っている。

アルマは、「ウィーン随一の才女」であり、マーラーは、彼女に対する優位を保つために、必要以上に「男性的」たろうとしなければならなかった。アルマは、そんなマーラーの「強さ」に惹かれたが、彼の晩年、いったん、その「強さ」が失われると、彼女の愛情も消えていく運命にあったと。「芸術が人生を模倣するというより、人生が芸術を模倣するのだ」という言葉は、オスカー・ワイルドの対話形式のエッセー『嘘の衰退』（一八八九年）に出てくるらしいが、「人生」と「芸術」の関係は、マーラーの場合、少々複雑である。著者もいうように、作曲家は悲しいときに悲しい曲を書くとは限らないからだ。作品解説も実に丁寧であり、マーラー・ファンの必読書となるだろう。（「信濃毎日新聞」二〇〇四年九月一九日）

『信濃毎日新聞』の書評委員を退いたあと、今度はフリーランスの立場で、『日本経済新聞』『東京新聞』そして古巣の『週刊朝日』にまた書評を書くようになったが、『週刊朝日』以外は先方が選んだ本の書評の依頼である。人によっては自分が選んだ本でないと書評を書きたくないのかもしれないが、私は依頼された本を読んで実に多くのことを学ばせてもらった。それらは、書店で自分からは手にとらないものばかりだが、異分野の本の書評を頼まれるのは脳の活性化にはよい。以下の二冊も、依頼された本の書評である。

『新・幸福論』内山節著（新潮選書、二〇一三年）

「幸福」とは何かを考えるのは簡単ではない。だが、著者があえて「新」と銘打つには何らかの意図があるはずだ。

高度成長期の日本では、労働者であれ企業人であれ消費者であれ、「人々」の一員として生きることが当然のことのように考えられていた。だが著者は、バブルの崩壊によって、「人々」の一員として生きる人たちを支える構造も崩壊したという。例えば、非正規雇用の増大のような雇用環境の悪化、年金の破綻、社会保障の切り下げなど、「明日」が保障されない社会が現実のものとなった。

旧来の幸福の構図が遠くに逃げることを、著者は「遠逃《えんとう》」と表現している。そして、現代は「人々」であることへの「虚無感」が支配的になった時代なのだと。

だが、著者は単に悲観しているだけではなく、東日本大震災後、被災地を継続的に支援していた人たちのなかに、「被災者」と「支援者」の関係から、災害によって崩壊した関係をもう一度構築し直そうという動きが現れていることに注目する。著者の言葉づかいでは、地域を「関係の網」として捉える試みが生まれているのである。弱肉強食の「経済」のもとでは「ともに生きる社会」はつくれるはずもないが、「関係の網」を軸に「結び合う仲間の世界」を確立しようとする試みが台頭してきたことは注目に値する。

思想史的には、近代的な「自由な個人」への反発から様々なロマン主義の流れが出てきたのだが、ロマン主義の主体もあくまで「個人」であり、「結び合う仲間の世界」のなかにローカルな世界を見出《みいだ》すという著者の発想とは重ならない。もちろん、著者がいう「関係の網」が現代の「虚無感」から脱する唯一の道なのかどうかは見解が分かれるだろう。しかし、「幸福の構図」の変化を漠然と感じている読者にはひとつの重要な示唆を与えているのではないだろうか。（「東京新聞」二〇一四年二月二日）

『なぜ大国は衰退するのか』グレン・ハバード、ティム・ケイン著／久保恵美子訳（日本経済新聞出版社、二〇一四年）

本書のタイトルをみて、ポール・ケネディの『大国の興亡』を思い出す人がいるかもしれないが、経済学が基礎にある者が書く歴史は他分野の専門家のそれとは違ってくる。

経済学者やエコノミストの描く歴史は、ある程度「分析的」になりやすい。本書もその例外ではない。

著者たちは「経済力」を国内総生産（ＧＤＰ）×生産性×（ＧＤＰ成長率の平方根）と定義する。この尺度で二〇一〇年の米国、欧州、中国、日本をみると、それぞれ七四％、五四％、三〇％、一一％となる。これを著者たちは経済の眼鏡と呼ぶが、経済学の用語ではモデルといってもよいだろう。

この尺度に納得がいかない人もいるかもしれないが、「経済力」で世界をみるという著者たちの目的には重要な役割を演じる。「偉大な文明の存続を脅かす要因としては、国境に押し寄せる異邦人よりも、その文明がみずから生み出した内部の経済的不均衡の方が重大であることを示し、これは古代ローマ帝国から現代欧州にいたるまでの歴史にも当てはまる」（「序論」より）というのが、本書の基本的なスタンスだからだ。

もう一つの特徴は、著者たちがマンサー・オルソンの「公共選択モデル」を活用していることだ。ローマ帝国の滅亡について「政府が自己の利益を確保するために激しく戦うレントシーキングを促進するという特異な形態が生じた」とか、スペイン帝国は経済的インセンティブをゆがめる国家の行動（中央集権的な税制が成立したが、税収の最大化に関心を奪われ、商業活動への悪影響を放置）をとったという意味で「広義のクラウディングアウト」を引き起こしたとか、経済学の素養のある人にはわかりやすい説明になっている。

現代日本については、支えきれない規模の国家債務が制度の硬直性を象徴し、大企業、銀行、巨大な官僚組織という三者によるレントシーキングによって政治制度の構造改革に失敗していることが衰退の主因だと診断している。財政赤字の問題は現代の欧州にも米国にもあるが、財政均衡にむけての憲法修正の動きがすでにある米国の方がまだ再生への展望があると主張している。「米国はいまでも昇りゆく太陽なのだ」と。

経済学の「眼鏡」は歴史にも新たな光をあてるが、著者たちとは違う「眼鏡」をかけると、また違った歴史が描けることも忘れてはならない。その限界さえわきまえていれば、経済学の思考法に慣れた読者には楽しい読み物になるだろう。(「日本経済新聞」二〇一五年一月四日)

もう何十年も、専門外の本の書評を書いてきたので、国際政治や幸福論のような本が依頼されても、別に驚きはしないし、楽しく読んで書評を書いている。定められた字数も不思議とぴったりおさまることも少なくない。伊東先生に言われた「伸び縮み自由」にものを書くことができるようになったと思う。

私にとって、書評の仕事は、学界とジャーナリズムとのリンクを絶やさないようにする手段でもあった。学者のなかにはジャーナリズムを馬鹿にしている人もいるのだが、清水先生は胸を張って「私はジャーナリストだ！」と言っていた。不勉強な学者よりも、勉強好きのジャーナリストのほうがよほど好感がもてる。彼らジャーナリストとの付き合いは、経済思想史という、ほとんどジャーナリズムとは関係のない専門分野で仕事をしている私には貴重な経験であった。その意味では、私を書評の世界に誘ってくれた丸谷氏には心から感謝している。

コラム④　正統派の盲点を鋭く抉る――ガルブレイス氏を悼む

　四月二九日夜、アメリカを代表する異端派経済学者ジョン・ケネス・ガルブレイスが亡くなった（享年九七）。ガルブレイスといえば、『ゆたかな社会』『新しい産業国家』『不確実性の時代』などの著作によって日本の読者にもなじみの深い名前である。だが、査読付きの専門誌への論文の掲載数で研究者をランクづけるいまの経済学界においては、一般読者が近づきやすいような「読み物」の形で正統派経済学を批判する彼の手法は、つねに冷淡な扱いを受けてきたと言ってもよい。それにもかかわらず、彼があえてそうしたのは、人目に付くような「問題提起」をすることによって、正統派の盲点を浮き彫りにすることにあったと思う。

　例えば、彼は、『ゆたかな社会』において、企業が宣伝や広告などを利用して消費者の需要を喚起することを「依存効果」と呼んだが、それは企業の生産が消費者の嗜好《しこう》や選好によって規定されることを前提にしていた正統派の「消費者主権」の考え方と鋭く対立するものであった。また、『新しい産業国家』においては、いまや大企業の実質的な支配力を握った「テクノストラクチュア」（株主でも単なる経営者でもなく、大企業内部の専門家集団）がさまざまな手段を用いて「計画化」をもくろみ、市場を乗り越えようとしているにもかかわらず、正統派はいまだに「市場に従属する企業」という完全競争モデルに支配されていると痛烈に批判した。

もちろん、ガルブレイスの本のなかに一部極端な主張が含まれていたことは確かだが、彼の本がベストセラーになって学界における論争の的になったのは、彼の問題提起が正統派の盲点を鋭く抉《えぐ》り出していたからである。その後の正統派経済学が、ガルブレイスとは全く分析手法が違うとはいえ、完全競争モデルを克服するような方向（例えば、企業の内部組織論やゲーム理論を駆使した企業理論など）に向かったのも、一部は彼の問解提起が功を奏したからではないだろうか。

私は、かつて、一連のガルブレイスの仕事を指して「制度的真実への挑戦」と表現したことがある。ここで「制度的真実」とは、みずから所属する組織において「真実」と考えられている事柄（先に触れたような「消費者主権」や「市場に従属する企業」などの通念）を指している。ガルブレイスが深く尊敬したアメリカ制度学派の先達ヴェブレンも、このような意味での「制度的真実」を徹底的に粉砕しようとした異端派であった。

ガルブレイスは、経済学者であると同時に優れたジャーナリストでもあった。彼の読者なら、保守化が進行した現代アメリカ社会の文明批評を試みた『満足の文化』や、株式市場における「陶酔的熱病」に警笛を鳴らした『バブルの物語』などをご存じだろう。しかし、「直観」よりは「分析テクニック」に重きを置くいまの経済学教育の現状を考えると、ガルブレイスなきあと、このようなタイプの経済学者が出てくる可能性は低いのではないだろうか。その意味では、一つの時代が終わったと言うべきかもしれない。

（「朝日新聞」二〇〇六年五月九日夕刊）

第五章　新しいアプローチを求めて

京大で経済学史や現代経済思想を教えながら、前章で書いたよう書評の仕事を続けてきたのだが、後者の仕事を通じて学んだことが前者の仕事にも役立つのではないかと意識的に考え始めたのは、ここ四‐五年のことである。もちろん、意識的に考えなくとも、無意識のうちにこれまでも十分に役立っていたのかもしれないが、何か形のあるものを残したわけではなかったと思う。

だが、本でしか知らなかった中世史家の今谷明氏と話すうちに、自分の経済学史にも類似のアプローチが応用できるような気がした。具体的にいうと、こういうことである。今谷氏の著書に『京都・一五四七年――描かれた中世都市』（平凡社、一九八八年）というのがあるが、経済学史でもある特定の年にどのような著書や論文が発表されたかを国をまたぎ横断的につないでいくことによって、時系列で書いた歴史とは違う論点が浮かび上がるかもしれないということである。

直観的に浮かんだのは、「一九三三年」「一九三七年」「一九六〇年」だが、ここでは、一九三七年を例にとって説明してみよう（一九三三年については、まもなく京都大学経済学部の『経済論叢』小島専考教授定年記念号に発表される拙稿「経済学一九三三年――現代経済学の胎動」を参照のこと）。

経済学一九三七年

一九三七年ときいてまず思い浮かぶのは、J・R・ヒックスの「ケインズ氏と〝古典派〟」という論文である。『一般理論』は当時の経済学者にも難解な理論書だったので、初期には、いまからみればトンチンカンな論文や論争もあった。しかし、ヒックスがその論文のなかで提案したIS／LMによるケインズ理解は、財市場の均衡を表わすIS曲線と、貨幣市場の均衡を表わすLM曲線の交点で国民所得と利子率が同時に決定されるというわかりやすいもので、たちまちケインズ解釈のスタンダードとなった。今日の経済学教科書でも必ず習う分析装置だから、すでに八〇年以上の風雪に耐えていることになる。

ＩＳ／ＬＭによるケインズ解釈が世界的に普及していくのに大きく貢献したのは、アメリカの経済学者、ポール・Ａ・サムエルソンとアルヴィン・Ｈ・ハンセン（一八八七－一九七五）の二人である。

第二次世界大戦後、アメリカはイギリスに代わって経済学の最先進国となったが、サムエルソンはシュンペーターでさえ「天才」と認めた経済学者で、若い頃から学術論文を大量生産し、一九七〇年、アメリカ人として初めてノーベル経済学賞の栄冠に輝いた。サムエルソンの最も重要な理論的貢献は、博士論文をまとめた『経済分析の基礎』（一九四七年）だが、他方で、彼は入門者向けの教科書『経済学――入門的分析』（初版は一九四八年、その後、数年の間隔で改訂された）を通じて四五度線やＩＳ／ＬＭ図表を全世界の経済学を学ぶ学生たちに教育した。

ハンセンは、一九三七年、ミネソタ大学からハーヴァード大学に移ってきたときにはまだケインジアンではなかったが、ジョン・ウィリアムズとの共同指導で「フィスカル・ポリシー・セミナー」の回数を重ねるうちに、みずからが最も熱烈なケインジアンに転向してしまった。「革命」に身を投じるのは世の東西を問わずたいてい若者なのだが、ハンセンの場合は例外である。ハンセンの「フィスカル・ポリシー・セミナー」には、サムエルソン、ジェームズ・トービン、ジョン・ケネス・ガルブレイスなど、のちに頭角を現す若手が多数参加していた。ハンセンも、ケインズ経済学の解説書を執筆し、そのなかで四五度線やIS／LM図表を大胆に駆使した。ケインズ研究者であれば、ハンセンの『ケインズ経済学入門』大石泰彦訳（東京創元社、一九五三年）や『貨幣理論と財政政策』小原敬士・伊東政吉訳（有斐閣、一九五三年）などを読んだはずだ。

ところが、同じ一九三七年には、当のケインズが「雇用の一般理論」と題する論文を発表し、『一般理論』への誤解などを解くために、その本のどこが古典派や新古典派にはない「核心」であるかについて再述しているのだが、ケインズが強調しているのは、今日ポスト・ケインジアンの一部が重視している「不確実性の論理」だった。一九三七年の論文は、ジョーン・ロビンソンのようなケインズの愛弟子や、私たち現代経済思想史家が、ケインズの真意がIS／LMではなかったことを論証するためにしばしば引用してきたので、もはや陳腐の感があるが、それでも極めて重要なので引用しておく。

「私たち自身の個別的判断が無価値だとわかると、私たちはおそらくもっと情報に通じている世間の他の人々の判断に頼ろうとする。すなわち、私たちは、大多数の人々、または平均的な人々の行動に従おうとする。それぞれが他人を真似しようとしている個人から成る社会の心理は、私たちが厳密には慣行的判断と呼ぶものへと導く。……とくに、きわめて脆い基礎の上に築かれているので、それは突然の激しい変化にさらされる。平穏と不動、確実と安全という慣習は、突然、崩壊する。新しい恐怖と希望は、警告なしに、人間の行動を管理する。幻滅の諸力は、突然、評価の新しい慣行的基礎を押しつけるかもしれない。見事にパネル化された重役室や立派に規制された市場のためにつくられた、これらの優美で上品なテクニックは、すべて、壊れやすい。いかなるときでも、漠然としたパニックの恐怖や同じく漠然とした不合理な希望は、実際には鎮められず、表面のほんのすぐ下に横たわっている。

おそらく、読者は、この人間の行動についての一般的で哲学的な論説は、いま論議している経済理論から幾分離れていると感じるだろう。しかし、私はそうは思わない。これは、私たちが市場においていかに行動するかということを示すものであるけれども、市場における行動の研究において私たちが考案する理論は、それ自体を市場の偶像に従属させるべきではない。私は、古典派経済理論を、それ自体が未来について私たちはきわめてわずかしか知らないという事実を捨象することによって現在を取り扱おうとする優美で上品なテクニックの一つであるがゆえに非難するのである。」(“The General Theory of Employment,” in *The Collected Writings of John Maynard Keynes*, vol. 14, 1973, pp. 114-115)

ケインズが、『一般理論』の最終章で示唆し、のちにサムエルソンが「新古典派総合」と名づけたような、ケインズ経済学と新古典派経済学の「平和共存」を望んでいたのか、それとも一年後の論文「雇用の一般理論」で述べたような「不確実性の論理」を徹底化し、新古典派を排除するようなことを望んでいたのか、いまだに決着がつかない難問である。IS/LMをケインズ解釈として容認するかどうかも、この問題に根ざしているので、いつまでも決着がつかないだろう。

さて、IS/LMによるケインズ解釈を提示したヒックスは、当時LSE時代に始めた一般均衡理論の研究に没頭していたが、それが形になるのは、二年後の『価値と資本』(初版一九三九年)のことである。だが、ヨーロッパ大陸にまで目を向けると、ちょっと違った展開になる。ハンガリー出身でアメリカに亡命した天才数学者、ジョン・フォン・ノイマン(一九〇三-五七)が一九三七年にドイツ語で書いた短い論文があるのだが、これがのちに英訳されて英語圏でも読まれるようになり、実に大きな影響力をふるうことになる (John von Neumann, "A Model of General Economic Equilibrium," *Review of Economic Studies*, vo. 13, 1945-46)

というのは、この論文は、短くとも、のちに"Neumann ray"と呼ばれるようになった拡大経済モデルや、不動点定理などを経済分析に初めて導入した試みだからだ。ヒックスは、一般均衡解の存在証明には関心をもたなかったが、ケネス・J・アロー(一九二一-二〇一七)やG・ドブリュー(一九二一-二〇〇四)は、のちにノイマンの示唆から大きな収穫を刈りとることになった(彼らが角谷の不動点定理などトポロジーを用いて一般均衡解の完全な存在証明を成し遂げたのは一九五四年だが、ノイマンが経済学にほんのちょっと口を出さなければ、この快挙はなかったかもしれない)。ノイマンはゲーム理論の誕生にも大きな影響を与えたが、これは一九三七年とは無関係なので、措いておく。

だが、一九三七年が一般均衡理論完成への種をまいたというだけでは、物足りない。この頃のLSEは、ライオネル・ロビンズを中心に集まった若手研究者たちが新古典派経済学の形成につながる多くの仕事を手がけていたが、そのなかに新古典派の盲点を突くような逸品を書いた経済学者がいた。「企業の本質」(一九三七年)を書いたロナルド・コース

（一九一〇‐二〇一三）である。

新古典派では、「企業」は利潤を最大化する経済主体として登場するが、なぜ企業が発生するのか、そして企業の規模を決定するものは何かについて考察した者はいなかった。ところが、若きコースは、今日「取引費用」と呼ばれる概念を導入し、「企業」を設立するかどうかは、価格メカニズムを利用するための費用（模索と情報の費用、交渉と意思決定の費用、監視と強制の費用など）、すなわち「取引費用」にかかっていると主張した。例えば、もし市場でおこなわれてきた取引を組織化し、企業を設立する費用が、市場を通じて取引をおこなう費用よりも少なければ、「市場」に代えて「企業」が選択されることになる。そして、企業の規模の限界は、取引を組織化する費用と取引を市場を通じておこなう費用が等しくなるところで画されるだろう。

というように、コースは、取引費用を経済分析に導入することによって、「市場」と「企業」という代替的な制度様式のあいだの選択を考察する「比較制度分析」への道を切り開いたのである。だが、この優れたアイデアを含む論文は、数十年もほとんど埋もれたままで、一九七〇年代後半になってようやく少数の経済学者が再発見し、一九八〇年代の比較制度分析の開花へとつながった。その先駆者の一人が、青木昌彦（一九三八‐二〇一五）という日本人であった。

　ＬＳＥでロビンズとともに指導的立場にあったハイエクにしても、論文「経済学と知識」（一九三七年）において、「均衡」状態よりは「均衡」が達成されるプロセスにもっと関心を向けるべきこと、「知識」の分散や伝播のプロセスが重要であることなど、「均衡分析」の射程に入っていない事柄を多く指摘していた（ただし、ハイエクは、「均衡分析」それ自体を否定しているのではない）。この論点は、ハイエクの社会主義批判の根底にあるものだが、一九三七年の時点では、あまり注目されずに終わった。むしろ一九七〇年代後半、ハイエクが復活してから、初期の知識論が再評価され始めたというほうが正確だろう。

　マルクス経済学の勢力が強かった日本でのハイエク再評価はさらに遅れて、一九八〇年代後半以降（もっといえばベルリンの壁の崩壊以降）のことではないかと思う。ちょうど私は大学院生だったが、かつてマルクス経済学者として戦闘的な活動をしていた人が、出版されたばかりのハイエクの論文選（『市場・知識・自由』田中真晴・田中秀夫編訳、ミネルヴァ書房、一九八六年）のなかで、「社会における知識の利用」（一九四五年）に感銘を受けたと発言したときには肝をつぶしたものだ。時流が変わったのだな、とそのとき痛感した。

　だが、ハイエクが一九三七年の論文を発表したとき、彼が少数派だったことを再認識しなければならない。なぜなら、あのシュンペーターでさえ、当時はポーランド出身の経済学者で一般均衡理論に通じていたオスカー・ランゲが書いた「社会主義の経済理論について」（一九三七‐三七年）の「市場社会主義」の影響下にあったからである。

このように一九三七年という年を国をまたいで横断的に眺めてみると、（一）第二次世界大戦後に普及していくヒックスのIS／LMによるケインズ解釈と、のちのポスト・ケインジアンが主流派のケインズ理解に反対する論拠として使い始めるケインズ自身の論文「雇用の一般理論」が同時に出ていること、（二）ヒックスの『価値と資本』はまだ執筆中だったが、トポロジーを駆使する現代の一般均衡理論の方向性を指し示したフォン・ノイマンのドイツ語の論文が出ていること、（三）だが、それと同時に、コースやハイエクがLSE内の新古典派が考察しなかった問題を早い時期から取り上げていたこと、などが明らかとなる。経済思想史を単線的な発展として描くのは誤解を招くことが示唆されるのではないだろうか。

経済史と経済学史

この頃、もう一つ考えているのは、「経済史と経済学史の相互交渉」（もし可能ならば、両者の融合）である。このテーマについては、かつて筑摩書房のPR誌「ちくま」（二〇一二年一二月号）に「思想史からみた日本経済論」と題するエッセイを書いたことがある。経済史と経済学史は名前が似ているので、初学者がよく取り違えるのだが、決して無関係というわけではない。経済学史では、象徴的な言葉を使えば、スミスは産業革命前夜に資本主義の勃興を「予言」した思想家、マルクスは一九世紀後半の労使対立が激しくなった時代に登場した「革命」の理論的指導者、そして、ケインズは二〇世紀前半、「有効需要の原理」の樹立によって資本主義の崩壊を食い止めた「救世主」として教えるが、産業革命前後から現代までの経済の歩みをいちいち教えることはしない。

わが国では、アメリカと違って、マルクス経済学が隆盛を極めた時代が一九七〇年代まで続いていたので、経済史の研究者も経済学史の研究者も、マルクス経済学をバックボーンにもっている人たちが多かった。それゆえ、経済史家でマルクスの「唯物史観」を否定する人が稀だった一方で、経済学史家もそれに代わる経済史の見方を提示する必要を考えていた人は稀だった。だが、ベルリンの壁の崩壊から三〇年近く経過して、マルクス経済学は大学の科目としてほとんど消滅したし、経済学史家もマルクスを各段意識せずに近現代の経済学史を研究している人が大多数になった。そうであれば、戦後日本経済の歴史も、

「近代経済学」(いまやほとんど死語だが、非マルクス経済学を指すと思ってよい)の訓練を受けた経済学史家が新しいアプローチを試みるのも許されるのではないか。そんなことを考えていた。

そのような問題意識をもって戦後経済史の本を読むと、私が指摘してほしいと思うような論点がほとんど落ちているのに気づいて不満だった。例えば、先のエッセイにも例に挙げたが、一九六〇年代末の論壇の話題をさらった八幡・富士製鉄の大型合併問題にも新しい光を投げかけることができるのではないかと。

例えば、一部のマルクス経済学者が大型合併問題に対して「国家独占資本主義」のレッテルを貼るのなら実にわかりやすい。だが、近代経済学者の立場が、大型合併反対（多数派）と大型合併容認（少数派）に分かれたのはなぜか。経済史の本は、そのような問題の掘り下げが足りないように思えた。

当時の近代経済学界では、サムエルソンの「新古典派総合」が主流派だったので、マクロはケインズ経済学、ミクロは一般均衡理論の二本立てだった。だが、大型合併問題は、応用ミクロ（産業組織論）の問題なので、合併に反対の経済学者は、ベイン‐ケイヴズ流の産業組織論に依拠していたはずだ。これは、「市場構造」S→「市場行動」C→「市場成果」ＰというＳＣＰパラダイムを初めて体系化したもので、よりよき市場行動や市場成果を引き出すには、市場構造ができるだけ「競争的」でなければならないという考え方を含んでいた。もっといえば、彼らは、すべてを完全競争市場にするのは無理でも、できるだけ「有効競争」が働く環境を整えるのが独占禁止法（アメリカでは反トラスト法と呼んでいるが）の役割だと考えていたのである。

八幡・富士製鉄の大型合併問題は、戦後、近代経済学者と呼ばれる研究者たちが最も積極的にかかわった問題の一つだった。経済学の教科書は、競争市場が資源の効率的配分をもたらすと教えているのだから、わかりやすいと言えばわかりやすい主張だった。だが、彼らの一部は、競争市場が資源の効率的配分ばかりでなく、シュンペーター流のイノベーションを促進するためにも必須であることを強調していた。私はこの点が非常に気にかかった。なぜなら、競争市場が資源の効率的配分をもたらすことは、当時のミクロ経済学の教科書でも教えているものの、それがイノベーションの促進にも必須であることは決して論証されていなかったからだ。

イノベーションを「創造的破壊」として資本主義の本質として持ち上げたシュンペーターは、むしろ大企業のほうがイノベーションの遂行上有利であるとさえ考えていた（この点は、ガルブレイスも同じなので、産業組織論では「シュンペーター-ガルブレイス仮説」と呼ばれることがある)。シュンペーターの『資本主義・社会主義・民主主義』(一九四二年)は、第三版(一九五〇年)をボン時代の教え子、中山伊知郎と東畑精一が翻訳し、日本でもよく読まれたので、近代経済学者なら知っていたはずだ(全三巻、東洋経済新報社、一九六二年)。そうであれば、シュンペーター的思考法で大型合併に賛成する近代経済学者がいてもおかしくないはずだが、一九六〇年代末の日本では、ほとんど例外的な存在だった。大型合併に賛成または推進したのは、財界や通産省だった。彼らは、目の前に迫った資本自由化を乗り切るには、大型合併によって体力のある大企業をつくり、過当競争の排除や規模の経済によるコスト削減、さらにイノベーションを推進すべきだと主張していた。

ところが、SCPパラダイムという産業組織論の「正論」は、一九八〇年代以降、ウィリアム・ボーモルのコンテスタビリティ理論の挑戦を受けるとともに、復活した保守主義を経済学的に正当化するシカゴ学派(ネオ・オーストリア学派も含まれる)の勢力拡大によって次第に葬り去られていく運命にあった。ボーモルは、たとえ市場占拠率が高くとも、その市場に新規企業がつねに参入してくる可能性があれば(換言すれば、「コンテスタブルな市場」であれば)、超過利潤はすぐに消滅するので、集中度の排除や企業合併の規制などをおこなう必要はないと主張したが、シカゴ学派の産業組織論も類似の考え方をとっていたので、ときのレーガン政権の規制緩和路線を図らずも推進することになった。

このように、現代経済思想史の素養があれば、現代日本経済史の理解はもっと多様で興味深いものになると思えるのだが、いまのころ、両者を融合させた研究はほとんどないようだ。わざわざこんなことを書くのには、別の理由もある。私は経済学史や思想史が心から好きだが（好きでなければ、数十年もこの学問を続けるはずがない）、この十数年、全国の有力大学で経済学部（経済学研究科）のスタッフから経済学史専攻者が消えつつあるのを毎年のように見てきた。経済学史の世界は、いわば「衰退産業」になっているのだ。

どの時代にも、衰退産業に優秀な学生が集まることはない。伊東先生の若い頃は、たしかに、最初は経済理論や経済学史で鍛えて、のちに実証分析や日本経済論などに送り出すような教育法があったし、実証などに転じた学者や研究者も経済学史や思想史の役割を正当に評価していた。だが、学部の頃から経済学史を学ぶことなく大学院に進学し、理論や応用の分野で博士号を取得した若手は、経済学史という学問の「効用」がわからないように見える。優秀な学生が来ない上に、将来、研究者となっても就職すべき大学のポストがない状態が続けば、「衰退」から「消滅」への道は意外に早く訪れる可能性がある。私はその日がまもなく来るのを本気で恐れている。とくに、当世の潮流のように、「役に立つか」「役に立たないか」という区別で学問を評価されたら、「役に立たない」経済学史の未来は暗い。だが、いまのところ、「経済史」（日本経済史であろうが西洋経済史であろうが）をなくそうという動きは見られない。経済学史専攻の大学院生の就職難をみていると、彼らが経済史と経済学史をつなぐような仕事を積み上げて、経済史の講座で就職する可能性を切り開けないものかとつい考えてしまう。

実は、私が経済学史の優れた教科書としていつも推奨している『経済思想の発展』奥野正寛訳（岩波書店、一九八二年）を書いたフィリス・ディーン（一九一八－二〇一二）は、『イギリス産業革命分析』石井摩耶子・宮川淑訳（社会思想社、一九七三年）を書いた経済史家でもあり、私は両方の分野に精通した彼女の仕事を尊敬していたのだ。このような先例はあるのだから、わが国の潜在力のある若手にできないはずはないと思いたい。

知識と教養は違う

ちょっと世俗的な話に脱線してしまった。もう一つ、新しいアプローチというよりは、私としては新しい試みだったのだが、十数年前、社会人との経済学勉強会を組織し、それを一定期間続けたことが挙げられる。これは、たまたま関西電力の西村陽氏と懇意になり、関西経済連合会の有志にも声をかけてメンバーを募ったが、もともとは、故都留重人氏がやっていた「背広ゼミ」(都留邸でおこなわれた、一橋大学の卒業生との洋書輪読会)に範をとって始めたものである。

ただ、特定の洋書を輪読するのではなく、私や私が外部から呼んできた研究者の話を聴いて、学生時代のゼミのような雰囲気で議論していく楽しい会だった。当初は京都での開催が原則だったが、東京に進出したこともある。だが、二〇一一年三月一一日の原発事故以来、しばらく「休会」していた。私としては、それまでに一定の役割は果たしたように思えたので、「休会」のままでもよかったのだが、やはり勉強会に懐かしさを感じるメンバーもいたので、年に一度(一〇月のどこか)、私が話したり招聘してきた研究者の話を聴いたりしたあと、懇親会をして親睦を深めることだけは続けることになった。

外部から研究者を呼ぶのは私の役目だったが、経済学関係は別として専門外の若手研究者を呼ぶには、こちらもある程度勉強しなければならないことに気づいた。考えてみれば当然のことである。それでも、哲学者、歴史家、ジャーナリストなどが喜んで協力してくれたのは嬉しかった。この場を借りて厚くお礼を申し上げたい。

私にとっての勉強会の課題は、経済学の「教養」について考察することだった。世の中はまさに「教養ブーム」で、「教養」と名の付いた解説本がベストセラーになっている。しかし、それらの「教養」は、単なる分野ごとの「豆知識」を一冊にまとめただけのものが多いように思われる。ちゃんとした学問をした大人なら本来知っておくべきことを知らないでいたというのなら、それがベストセラーになるのは必ずしも喜ばしいことではない。

そこで、私は、単なる「知識」と「教養」は分けて考えたほうがよいこと、そして「教養」とは知識の寄せ集めではなく、長年、幅広い読書やゆとりのある思索の時間からある種の「化学反応」を経て生まれてくれる何物かであることを指摘したかった。その意味では、「教養」は明確に定義することはできず、直観によってしか摑み得ないものかもしれない。だが、若い頃、清水幾太郎先生に会ったとき、この人はとてつもない「教養人」だというオーラを肌で感じたことがあり、それがなにから生まれるのか、そういう疑問がずっと私の頭の片隅に残っていた。

清水先生は早くも旧制中学のときに社会学を志し、旧制高校、そして東京帝国大学を通じて、卓抜な語学力を駆使して英独仏の文献を広く渉猟した早熟の人だった。洋の東西にこのような「恐るべき子供」は少なくない。シュンペーターもそうだった。だが、先生は、東大の副手から助手、助教授、教授へと順調に昇進しても決して不思議ではないほどの実力をもちながら、副手のとき、大学を追われてしまった。食べるためには、なにか書かなければならない。先生はよく「売文業」という言葉を使っていたが、依頼された原稿が専門の社会学に関係あろうがなかろうが、勉強しながら書き続けた。そのときは生活の糧にするためだったが、前に触れたように、のちに社会心理学の本を書くときに役立ったものもあった。偶然の賜物である。

戦後、学習院大学の教授になったとき、自分の研究室の近くにのちに有名になる経済学者が何人かいた。まだ日本経済が上り調子にあった頃で、彼らとの雑談は楽しかったと懐かしそうに思い出していた。彼らの表情は自信に満ちていて、とても明るいように見えたと。だが、ニクソン・ショック、公害問題、石油危機など、問題が山積するようになり、経済学者から「経済学も今は大変です」という文章が添えられた年賀状をもらうようになったという。経済学者との付き合いは、推測するに、清水先生の仕事にも見えない影響を与えたのかもしれない。例えば、先生は、ケネス・ボールディングやJ・ティンバーゲンの書いた本を何冊か翻訳しているが、自分にとって「面白い」ものは、社会学に関係あろうがなかろうが、貪欲に吸収していったのではないだろうか。その延長線上に、「教養人」としての先生の風格があったのだと思う。

だが、これに近いことは誰にでもよくあるものかもしれない。経済学の勉強をしていても、社会学や歴史学などとの関連が気になり、その周辺の勉強をすることはある。そのような勉強がいつ「役立つ」ことになるのか、自分でもわからない。しかし、いまは、「面白い」からやっているのである。すぐさま世の中に「役立つ」ものしか学問として認められないなら、私の学問はとうに消えているだろう。

ところが、嘆かわしいことに、現代の文教政策は、すぐに「役立たない」学問を切り捨て、「役に立つ」学問への予算を増額させようという功利主義的な考えに支配されている。世の中では「教養ブーム」なのに、最高学府では「教養」を切り捨てようとしているのである。「教養」と名の付く学部や機関はあるが、そこのスタッフが清水先生のような「教養人」であるとは限らない。

おそらく、「役に立たない」学問に従事している人たちは、事情に通じていない人たちには「道楽者」のように見えるのではないか。だが、漱石のような真の意味での教養人は、「道楽と職業」（一九一一年四月）と題する講演において、私の言いたいことを一〇〇年以上前に代弁してくれている（パブリック・ドメインに入っているので、青空文庫から引用する）。

「私は芸術家というほどのものでもないが、まあ文学上の述作をやっているから、やはりこの種類に属する人間と云って差支《さしつかえ》ないでしょう。しかも何か書いて生活費を取って食っているのです。手短かに云えば文学を職業としているのです。けれども私が文学を職業とするのは、人のためにするすなわち己を捨てて世間の御機嫌《ごきげん》を取り得た結果として職業としていると見るよりは、己のためにする結果すなわち自然なる芸術的心術の発現の結果が偶然人のためになって、人の気に入っただけの報酬が物質的に自分に反響して来たのだと見るのが本当だろうと思います。もしこれが天《てん》から人のためばかりの職業であって、根本的に己を枉《ま》げて始て存在し得る場合には、私は断然文学を止めなければならないかも知れぬ。幸いにして私自身を本位にした趣味なり批判なりが、偶然にも諸君の気に合って、その気に合った人だけに読まれ、気に合った人だけから少なくとも物質的の報酬、（あるいは感謝でも宜しい）を得つつ今日まで押して来たのである。いくら考えても偶然の結果である。この偶然が壊れた日にはどっち本位にするかというと、私は私を本位にしなければ作物が自分から見て物にならない。私ばかりじゃない誰しも芸術家である以上はそう考えるでしょう。したがってこういう場合には、世間が芸術家

を自分に引付けるよりも自分が芸術家に食付いて行くよりほかに仕様がないのでありま
す。食付いて行かなければそれまでという話である。芸術家とか学者とかいうものは、
この点においてわがままのものであるが、そのわがままなために彼らの道において成功
する。他の言葉で云うと、彼らにとっては道楽すなわち本職なのである。彼らは自分の
好きな時、自分の好きなものでなければ、書きもしなければ拵えもしない。至って横着
な道楽者であるがすでに性質上道楽本位の職業をしているのだからやむをえないのです。
そういう人をして己を捨てなければ立ち行かぬように強いたりまたは否応なしに天然を
枉げさせたりするのは、まずその人を殺すと同じ結果に陥るのです。私は新聞に関係が
ありますが、幸《さいわい》にして社主からしてモッと売れ口のよいような小説を書けとか、あるい
はモッとたくさん書かなくちゃいかんとか、そういう外圧的の注意を受けたことは今日
までとんとありませぬ。社の方では私に私本位の下に述作する事を大体の上で許してく
れつつある。その代り月給も昇《あ》げてくれないが、いくら月給を昇げてくれてもこういう
取扱を変じて万事営業本位だけで作物の性質や分量を指定されてはそれこそ大いに困る
のであります。私ばかりではないすべての芸術家科学者哲学者はみなそうだろうと思う。
彼らは一も二もなく道楽本位に生活する人間だからである。大変わがままのようである

けれども、事実そうなのである。したがって恒産《こうさん》のない以上科学者でも哲学者でも政府の保護か個人の保護がなければまあ昔の禅僧ぐらいの生活を標準として暮さなければならないはずである。直接世間を相手にする芸術家に至ってはもしその述作なり製作がどこか社会の一部に反響を起して、その反響が物質的報酬となって現われて来ない以上は餓死《がし》するよりほかに仕方がない。己を枉《ま》げるという事と彼らの仕事とは全然妥協を許さない性質のものだからである。」（傍点は引用者）

勉強会に参加してくれた社会人（すでに会社を退職して年金生活）のなかには、「近頃、マスコミに登場する経済学者やエコノミストのいうことが時流にばかり流されているようで不安だ」というはっきりした問題意識をもっている人がいた。特定の「政策」や「政治的立場」と結びつくと、経済学者がときの政権への批判精神を失い、学問が政治の道具に堕してしまう可能性が大いにある。そういう人には、当世「市場原理主義」の元祖のようにいわれているアダム・スミスの『国富論』そのものを丁寧に読んでみることをすすめたが、後に、本人からスミスが幅広い教養をもった思想家だったことがわかって有意義だったという感想をもらった。

もちろん、それを知ったからといって、すぐになにかの「役に立つ」わけではない。しかし、教科書のなかのスミス解説しか読んだことのない人と、『国富論』全体を読んだ人のあいだには見えない差ができるのは確実である。それは、いつかはわからないものの、なにか経済問題を広い視点から考察する必要があるときには大いに力になってくれるのではないだろうか。

語学力を身につけるには

私は経済学史という学問を専門に選んだが、経済学史家になるには、少なくとも①経済理論（大学院修士課程のコアコースで学ぶミクロ経済学とマクロ経済学）の修得、②歴史一般への関心、③語学力の三つが必要だが、最近は、とくに①と③の欠落している大学院生が多い。理論はどんどん進歩する。現時点で修士課程のコアコースのレベルだったとしても、四半世紀後には学部レベルになってしまう可能性が高いので、①を満たさないと経済学史家としては失格する。③は外国の文献を読むのだから必須だが、嘆かわしいことに、近年の語学力の低下は経済学史家になる前の訓練の段階での失格につながるに違いない。そして、経済学の歴史を扱う以上、経済学や経済の歴史ばかりでなく、もっと広い歴史一般への関心がなければ、学史研究に厚みが出ない。

このうち、③の語学力の低下をどうにかできないものかと思っていたのだが、ちょうど白水社の編集者が同社のホームページ上に「web ふらんす」という雑誌をつくるので、英語原典で学ぶ経済学のような連載をしてみないかとすすめられた。連載は大変なので、ちょっと躊躇ったが、それでも何かできるのではないかと思ってやってみることにした。その連載をまとめたのが、『英語原典で読む経済学史』（白水社、二〇一八年）である。

日本の大学生の大半は、入学以後、英語をもっと高いレベルで学ぼうとする意欲はない。だが、他の学問と同じように、英語も高校までの勉強で終わるわけではない。大学受験までは、英文は英文法に忠実に日本語に訳すのが原則だが、いつまでもこのような訳し方をしていたら、日本語らしくない表現で満足しなければならない。もちろん、英文法は、それを学べば英文が何とか読めるようになるという意味では、受験英語の最大の「発明品」である。だが、英文を英米人と同じようにもっと自然に前から後ろへと読むように訓練すれば、意外にもっと難しい古典が読めるようになるのではないか。

そんなことを考えたのは、おそらく、私が早い時期から翻訳論に興味をもって関連文献を読んでいたからかもしれない（本章の付論参照）。もちろん、学生たちが翻訳家のように見事に訳せるようにしたいとは思っていないが、せめてもっと英文をスムーズに読めるようにはなってほしい。そういう想いを込めて連載してみたところ、英米文学者にまで過分の褒め言葉をいただき、出版社からはぜひ続編をやってほしいと依頼されるようになった。

私は連載でなにか特別なことを言ったわけではない。経済学の古典的名著から英文を引いて、それをできるだけ前から後ろへという「原則」（一文一文前から後ろという意味ではない）を守って読んでみることをすすめただけである。しかし、それだけでも、英文の見通しがずっとよくなるケースが少なくなかった。翻訳家には自明なのかもしれないが、少なくとも経済学の世界ではそうではなかったので、関心があれば先に紹介した拙著を読んでみてほしい。

＊＊＊

付論「受験英語を超えよう」

この大学で教えるようになって三〇年近くの時間が経ったが、その間、「外国経済書購読」「経済英語」「外国文献研究」など名称は変わったものの、英語テキストを読む授業を担当してきた。その経験を活かして、最近、白水社のＷＥＢ雑誌（https://webfrance.hakusuisha.co.jp/）上で「英語原典で読む経済学史」を連載しているのだが、これが意外に好評で続編まで計画されている。

私は何も奇抜なことを書いているわけではない。アダム・スミスから現代までの著名な経済学者の英文を取り上げて、これをどのように日本語に訳すべきかについて私見を披露しているだけである。この連載を始めたのは、大学生がいつまでも受験英語のような英文の訳し方に引きずられて英文を自然に読むのに馴染んでいないことに気づいたからだった。大半の大学生は、入学と同時にそれ以上英語を深く学ぶことはやめてしまう。英語はすでに知っているし、読み書きよりも将来仕事に就く上で「役に立つ」聴くほうに重点を置きたいのかもしれないが、英文を前に大きな辞書を引きながらどう訳すべきか悩むような学生の姿はほとんど見かけなくなった。

昔から翻訳論を読むのは好きだった。中村保男著『翻訳の技術』（中公新書、一九七三年）に始まって、評判になった本の大半は読んだかもしれない。しかし、プロの翻訳家の手法を全部採り入れようとは思っていない。あくまで不自然な日本語を少なくするという方針で連載を続けているつもりである。そもそも一冊の原書を訳すという仕事は大変な労力を必要とするので、翻訳者には相応の敬意を払うべきである。私も彼らの仕事から多くを学んだ。そのなかで実践に役立ちそうなほんの数例を挙げてみる。

私は、英文を日本語に訳すとき、欧米人が英語を読むように、「できるだけ」（一字一句という意味ではないということ）語順通りに前から後ろへ進むのを原則にしたほうがよいと思う。昔の経済学者が書いた英文は、which 以下の文章がやや長く、メインの主張が何だったか、受験英語通り訳していたのではわからなくなってしまうことがある。

アダム・スミスの有名な『国富論』（初版は一七七六年）冒頭の英文がまさにそうである。スミスがもっとも言いたかったのは、出だしの The annual labour of every nation is the fund、すなわち「すべての国民の年々の労働こそがまさに真の源なのである」という部分である。彼は重商主義の「富 - 貴金属」という通念を打破するためにこの文章を書いた。しかし、受験英語のように後に続く which 以下を長々と訳すうちにこの大切な主張がぼやける。which 以下はこんなにあるのだ。which originally supplies it with all the necessaries and conveniencies of life which it annually consumes, and which consist always either in the immediate produce of that labour, or in what is purchased with that produce from other nations、と。

私は、このような場合、安西徹雄著『翻訳英文法』（現在は、新装版がバベル・プレスから出ている）で学んだ手法を試すことにしている。あまりにwhichが多いと、適当なところでいったん切り、接続詞を補って訳すのである。私は、the fund; fot it originally suppliesと読み替えた。とすると、訳はこんな感じになる。「すべての国民の年々の労働こそがまさに真の源なのである。というのは、それがその国民が年々消費する生活の必需品と便益品のすべてを本来その国民に供給しているからである。そして、そのような必需品や便益品を構成しているのは、つねに、その労働の直接の生産物か、その生産物で他の国民から購入されたものである」と。

詳細は私の連載を参照してほしいが、私はちょっとした工夫で日本語としての不自然さが少しでもなくなるほうが望ましいと思っている。もちろん、一語一語厳密に訳すべきだという文献学者の反論はあるだろうが、大学生がふつうに英文を読んで訳す場合には許されるのではないだろうか。

大学生になっても高校や予備校で習った英語のままでそのまま卒業してしまうのは惜しい。受験時代よりは一段上の英語を学び、できるだけ不自然さのない日本語に移せるようになることも大切ではないだろうか。（「京都大学新聞」二〇一八年六月一六日号）

コラム⑤　経済学の教養について

　昨年、入学したばかりの学生を対象にした全学共通科目（「ポケット・ゼミ」と呼ばれている少人数のゼミナール形式の授業）を初めて担当したが、ふだんは経済学部や大学院経済学研究科の学生のみを教えているので、幾つか興味深い「発見」をすることになった。

　私のポケット・ゼミの定員は七名だったが、そのうち経済学部の新入生は二名のみで、あとはすべて他学部から参加した学生たちである（とくに、理学部・工学部・農学部などの理系の学部が多かった）。テーマは、私の専門（現代経済思想史）に近い「ケインズとシュンペーター」という二〇世紀経済学の二人の天才の名前を掲げておいたのだが、「ケインズ」はともかく、「シュンペーター」という名前を知っていた理系の新入生はいなかった。私もそれくらいは十分に予想がついていたのだが、授業を進めるうちに、理系・文系を問わず、日本や世界の歴史（とくに、現代史）の知識が以前の学生よりも乏しくなっているように感じられたのは残念であった。

　例えば、ケインズ経済学が登場してきた背景（一九三〇年代の世界的な大恐慌）について学んでいたとき、横道にそれて、（多分に誤解を招きやすいのだが）「日本のケインズ」と俗に呼ばれている高橋是清に触れたところ、彼がどのような人物か知っている学生がいなかったのには正直驚いてしまった。

あるいは、また、工学部の学生が、テキストのなかに出てきた「コミンテルン」なるものは何なのかと唐突に質問したときにも同じくらい衝撃を受けた。だが、冷静に考えてみれば、彼らはベルリンの壁の崩壊後に生まれてきた世代であり、社会主義や共産主義にかかわりのある組織のことを知らなかったとしても不思議ではない。

誤解を招かないようにあらかじめ述べておくと、新入生に歴史の知識が欠如しているからといって、私は何もいまの受験制度について批判めいたことを書きたいわけではない。もちろん、知らないよりは知っているほうがよいに決まっているし、彼らが高校生や予備校生のうちに多少はその辺の勉強はしておいてほしいという希望はもっている。だが、「教養」というのは、単なる知識の絶対量とは違うのではないかということを、ここ数年考えてきた。

私は経済学が専門なので、「経済学の教養」にひとまず話を限定するが、「経済学の教養がある」という場合、ふつうは資本主義や経済学の歴史に通暁し、スタンダードな経済理論の基本がわかっていることを指す場合が少なくない。その意味での「教養」が身についていることは、もちろん重要なのだが、それだけでは何かが足りないのではないか。というようなことを考えていたら、あるとき、T・S・エリオットが使った意味での「歴史的意識」という言葉が頭に浮かんできた（その辺の事情については、拙著『経済学の教養』NTT出版、二〇〇六年、に書いておいた)。

エリオットの「歴史的意識」とは、彼によれば、「過去が過去としてあるばかりでなく、それが現在にもあるという感じ方を含んでいて、作家がものを書く場合には、自分の世代が自分の骨髄の中にあるというだけでなく、ホーマー以来のヨーロッパ文学全体とその中にある自分の国の文学全体が同時に存在し、同時的な秩序をつくっているということを強く感じさせる」ようなものだという(『文芸批評論』矢本貞幹訳、岩波文庫、一九六二年改版より)。エリオットは、文学を念頭にこのような発言をしているのだが、私には、経済学にも当てはまるような気がした。

例えば、リーマン・ショック以後の世界同時不況の最中、ノーベル経済学賞を受賞したような高名な経済学者を含めて、「ケインズの復活」を声高に宣言し、赤字財政を伴う大規模な財政出動を説くような論調が支配的になったことがあった。

ケインズが時と場合によっては財政を赤字にしてでも公共投資をすべきだと言ったことがあるのは事実なので、いつの間にか、「ケインズ政策＝(赤字財政を伴う)財政出動」という些か誤解を招きやすい理解が定着してしまったのだが、偉大な経済学者の思想はそれほど単純ではないものだ。

ケインズは、みずからを育んだケンブリッジ学派(師匠であるアルフレッド・マーシャルが創設した)の「伝統」の重みを誰よりも肌で感じていた。ところが、ある段階から、その「伝統」のなかには、産出量や雇用量の「決定」理論がないことに気づき、有名な『雇用・利子および貨幣の一般理論』(一九三六年)への苦闘の日々が続くのだが、その甲斐あって、『一般理論』は、「ケインズ革命」と呼ばれるほどの経済学の大変革を成し遂げることになった。

それにもかかわらず、「ケインズ革命」が「伝統」とは何の関係もないところから出てきたものではないことは、現代経済思想史の研究者のあいだでは常識になりつつある。専門的な議論は控えるが、『一般理論』のなかに登場する多くの概念の萌芽が「伝統」のなかにあり、ケインズは、それらを再構成し、最終的に『一般理論』にまとめ上げたのである。

ケインズは、自分がアダム・スミスからリカード、J・S・ミルを経てマーシャルへと受け継がれてきたイギリス経済学の正統派(「伝統」と言い換えてもよい)の流れを十分に意識していた。それゆえ、何らかの経済問題を考察する場合、彼らが自分の「隣人」であるかのように扱い、彼らとの「対話」を通じてみずからの経済理論を磨き上げてきたのである。

たしかに、ケインズやケインジアンは、『一般理論』の「革命性」を強調し過ぎる傾向があったが、本当にそう言い切れるのだろうか(もちろん、こういったからといって、『一般理論』の経済学史上の貢献を否定することにはならない)。エリオットの言葉を借りれば、ケインズもまた「歴史的意識」に敏感だったのである。

ところが、世間では、相変わらず、不況になるたびに、その国の経済が置かれた状況を考慮せずに、財政出動を要請するような人たちを「ケインジアン」と呼んでいる。実は、ケインズほどこのような紋切り型の政策提言から無縁だった経済学者はいないのだが、そうなった原因は、ケインズの「思考回路」を探るというよりは、『一般理論』のなかに出てくる特定の文章を、いわば「丸暗記」のように覚え込んでしまったことにあるのではないか。

そもそも、ケインズは、最初から最後まで「貨幣理論」の専門家であり、「貨幣」がどのような役割を演じるかを語らずして経済システムを解明することはできないという堅い信念をもっていた。もちろん、ケインズの貨幣思想は時間とともに変化しているので、彼がどのような状況でどのような貨幣理論を構想したのか、そして、現代において、それはどのような意義と限界をもっているのかを再検討しなければ、本当の意味で「ケインズを学ぶ」ことにはならないだろうし、ひいては、「経済学の教養」も身につかないのではないだろうか。

もしケインズが生きていれば、ウォール街の暴走を黙認し、「投機」に埋もれた経済システムをつくり出してしまった政策当局を痛烈に批判したに違いないが、現代のグローバル資本主義のなかでどのような「貨幣管理」をおこなうべきかという点に関しては、見解が分かれるだろう。だが、私は、多様な提案が出されることはよいことだと思っている。問題は、政策提言者がケインズの特定の著書の字面を追っているのか、それともケインズの「思考回路」を真剣に精査しているかどうかだからである。

二〇世紀経済学の巨星のなかで、ケインズほど時代文脈によって世間の評価が著しく変化していった例はない（「黄金時代」から「ケインズの死」を経て「ケインズの復活」へというように）。私たちは、そろそろ、そのようなキャッチフレーズに安易に乗せられないようにする術を身につけなければならないのではないだろうか。

（「学士会会報」八八五号、二〇一〇年）

第六章　未来志向の学問を

　私の専攻は、もはや繰り返す必要もないだろうが、経済学史や経済思想史と呼ばれる学問である。好きでこの学問を数十年も研究してきたが、前の章で述べたように、もはやにか「衰退産業」になりつつある。残念だが、それは認めざるを得ない。経済学史を学んである。だが、「役に立つ」ことはあるのかとよく訊かれるが、それはすぐには答えられない質問である。だが、経済学史を学ぶことによって、経済学の他の分野よりもより明示的に意識するようになったことはある。それは、経済思想は多様であり、経済学者も多様性に寛容な態度をとらなければならないということだ。

　マルクス経済学と近代経済学が拮抗していた頃は、私の持論にも裏づけがあったので、それほど珍しくもなかった。だが、ベルリンの壁の崩壊以降、マル経が消えて、近経だけになってから、経済学は一つという認識が広まったように思われる。実は、マル経内部にも近経内部にも、いろいろな立場があったのだが、壁の崩壊はまことに衝撃的な大事件で、市場メカニズムを無視した社会主義は滅びるべくして滅んだということを、マスコミが盛んに宣伝した。

だが、まともに現代経済学（スタンダードなミクロ経済学とマクロ経済学）を学んだ者ならば、「市場に任せればすべてうまくいく」という意味での市場原理主義に染まるはずはない。現代経済学はひとつの「主義」に染まるほど単純ではない。

私は経済学の多様性を尊重しているが、こういうときに誤解される。私は、経済学を学ぶ者は現時点で「スタンダード」とみなされる経済学をしっかり学ぶべきだと思っている。例えば、マーシャルの時代、彼の『経済学原理』（初版一八九〇年、一九二〇年の第八版まで版を重ねた）を読まなかった経済学徒はいなかったように。だが、スタンダードな経済理論に批判的な経済学があることも事実である。それらを簡単に切り捨てるのには賛成できない。

最近、日本でも経済学の制度化が進んできたので、なんらかの講義を担当するには事前にどのような講義をするか、各回ごとの詳しいシラバスを提出することが求められる。講義科目がミクロ経済学やマクロ経済学なら書くのは比較的簡単だ。ミクロやマクロの理論が短期間に大幅に変更になるということはまずないからである。しかし、現代経済思想のような科目は、ケインズ生誕一〇〇年とかシュンペーター没後五〇年とか、節目のときに重点的に講義したいテーマがあるので、毎年似たような講義内容にならないのがふつうである。というよりも、そのほうが望ましいとさえ言える。学生たちは、節目の年でなければ、ケインズやシュンペーターについてより深く知る機会はないだろうし、講義内容に毎年メリハリをつけたいこちら側の希望もある。しかし、「講義」として提供する科目は、毎年ごとに大きく変更がないようにという不文律がありそうだ。

大学院の科目も同様だ。大学院重点化前のはるか昔、私が大学院生だった頃は、授業といえば、少人数で論文や著書（英語文献がほとんど）を輪読する形式がほとんどだった。だが、最近は、その上、数十人を対象にした基礎講義をしてほしいと依頼されるようになった。しかし、その講義も短期的に大幅な変更はないようにと要請されている。もし教える内容が大幅に変更されないのならば、教えるほうは楽だが、聴くほうは退屈するかもしれない。

少人数ゼミこそ学びの場

個人的な経験では、学部でも大学院でも、「講義」形式のような授業から大きな刺激を受けたことはほとんどない。むしろ少人数しか参加しないゼミナールのほうが、先生との対話が成り立ち得るので、ちょっとした脱線話からヒントをもらうことが多かった。このように書くと、最近のカリキュラム改革に逆行するようで少々後ろめたいが、自分の経験から語っているのでお許し願いたい。

若い頃、清水研究室に通っていた頃、先生から大学教授時代の話を聞いたが、その話もだいたい私の経験と符合する。学習院大学で社会学を講じていた頃、なにか用があれば研究室に来るようにと教壇から呼びかけてもたいていの学生は敬遠する。他方、少人数のゼミナールでは、毎年テーマを変えてメリハリをつけていたので、もっと社会学を学びたいという学生が出てきて、東大の大学院に進学したり留学したりして学者や研究者になった者が少なからずいると。

菱山先生の講義も、あまりスタンダードな教科書には出てこないスラッファの経済学が大半を占めたので、学生にどれだけ理解されたかは疑わしい。京大時代の先生は、「新古典派には妥協しない」方針をとっていたので、公務員試験に出るような経済原論を学ぼうと思って履修した学生たちは面食らったようだ。だが、少なくともゼミナールでは、もっと生産的な議論ができたはずだ。「菱山会」（菱山ゼミの同窓会）で古いゼミ生と話したことがあるが、昔は、ジョーン・ロビンソンの『資本蓄積論』（一九五六年）をテキストにしたこともあったそうだ。その本は難解なことで有名なので、学部ゼミ生がどれだけ理解したかわからないが、少なくともそれを読もうという学生が集まったのだから大したものだ。

清水、菱山の両先生と比較すると、伊東先生だけは「講義はリクリエーションだ」というくらい話すのが巧みだったので、ちょっと事情が異なる。私が知っているだけでも、教養課程のとき伊東先生の講義を聴いた者が、数名、他学部（工学部や法学部など）から経済学部に転部し、伊東ゼミに入ってきた。みな優秀な学生だった。学生の進路を変えるくらいインパクトのある講義ができる教授はほとんどいない。他方、ゼミナールでは自主性を重んじ、各自が選んだテーマを勉強させていた。学生たちはその勉強の成果をゼミナールで報告するわけだが、先生は守備範囲が広かったので、理論でも政策でも学史でも、なんでも臨機応変に対応し、最後は先生の「独演会」になることが少なくなかった。伊東先生の場合、講義とゼミナールとで、どちらから多くを学んだかと訊かれたら、学生によって答えは異なるかもしれない。

私は、清水先生からは「学問は広く学ぶべきこと」、菱山先生からは「学問の厳しさ」、そして、伊東先生からは「言論活動の意義」について教えられることが多かった。それぞれ特徴があり、実績もある三先生に学べたことは、私の生涯の宝である。

シュンペーターとマルクス

ところで、最初の章で述べたように、私に学問を志すきっかけを与えてくれたのは、シュンペーターだった。彼の『経済発展の理論』は、いまだに私の愛読書の一冊である。だが、シュンペーターから教わったもう一つ別のことは、マルクスの「学問」（政治や運動とは区別されたものとして括弧付けを用いる）を真剣に扱うべしということだった。『経済発展の理論』を読んだだけでは、彼が若い頃にマルクスやマルクス主義の文献を渉猟し、マルクスを深く尊敬するようになった理由があまりよく理解できなかった。

だが、彼が晩年にリラックスして書いた『資本主義・社会主義・民主主義』を読んで初めてその理由の一端がわかったように思えた。この本は、いまでは、シュンペーターの「経済社会学」として高く評価する立場もあるのだが（故塩野谷祐一氏の『シュンペーター的思考』東洋経済新報社、一九九五年がその一例である)、私にとっては、むしろシュンペーターの教養がどれほど深く、かつ広いものであったかを再認識した一冊であった。この本のプロローグは、次のような文章から始まる。

「人間の知力や想像力の産物の大部分は、食後のひとときか一世代か、いずれにせよ、ある期間がたてば永久に死滅してしまうものである。なかにはしかしそうでないものもある。それらは、光輝を失うことはあっても、やがてまた復活する。しかも文化的遺産の目だたない要素として復活するのではなく、その時々におのおのの装いをまとい、見たり触れたりできる個人的傷痕もなまなましく復活してくるのである。われわれはこれらを偉大なるものと呼ぶことができよう――それが偉大さと生命力とを結びつけていることは、なんらかような定義の弱点ではない。この意味にとれば、これこそはまさしくマルクスの託宣に適用さるべき言葉である。復活によって偉大さを定義することは、しかしいま一つの利益がある。というのは、そうすることによってその偉大さがわれわれの愛情とは切り離されるからである。大いなる偉業が必ず光明の源泉であるとか、あるいは構想ないし細目において誤りなしと思いこむ必要はない。むしろ逆に、それは秘められたるもの《ダークネス》の威力であると考えることもできる。われわれは、それが基本的に誤謬であると考えることもできれば、個々多くの点について同意しがたいと考えることもできよう。だがマルクス体系の場合には、かような不利な判定や精密な反証でさえも、その体系を致命的にたたきつけることができず、そのことによってその構造の力をますます顕示するという結果に終わることがある。」(『資本主義・社会主義・民主主義』上巻、中山伊知郎・東畑精一訳、東洋経済新報社、一九六二年、三－四ページ)

世の中には、マルクス批判本というのがあって、古くはオイゲン・フォン・ベーム＝バヴェルクの『マルクス体系の終焉』(一八九六年)とか、小泉信三の『共産主義批判の常識』(一九四九年)などが知られているが、そのような批判は、どれだけ的を射ていようとも、マルクスはたびたび復活してくる。とくに、二〇一八年はマルクス生誕二〇〇年に当たっていたので、各地でそれを記念する講演会やシンポジウムが企画された。二〇〇年経っても、これだけ注目される経済学者は、ほかにはアダム・スミスくらいしか思い浮かばない。シュンペーターの文章は、マルクスの偉大さを巧みに表現するものである。

シュンペーターもワルラスの一般均衡理論を高く評価したのだから、マルクスの労働価値説には重きを置いていない。その他、マルクスの名前と結びついた理論も同様である。だが、それらはマルクスの偉大さを葬り去るには十分ではないという。

「マルクスの分析における誤謬や非科学的ですらあるいっさいのものを貫いて、そのいずれでもない一つの根本的な考え方が流れている――それは、単に無数の連結なき類型の理論、ないしは経済諸量一般の理論というがごとき考え方ではない。それは、これらの類型の現実的連続の理論、ないしは各瞬間に自ら後続のものを規定するような状態を生みつつ、自力で歴史的時間のなかを進行するがごとき経済過程の理論という考え方なのである。かくて非常に多くの誤謬をもつマルクスがまた、現在においてすらなお将来の経済理論――そのためにこそわれわれは、遅々としてまた孜々《しし》として石と漆喰、すなわち統計的事実と函数方程式を集めているのであるが――の何たるかを明らかにした最初の人なのである。」(『資本主義・社会主義・民主主義』上巻、前掲、八一ページ)

菱山先生、伊東先生とマルクス

私の経済学の恩師二人のうち、菱山先生はマルクス主義者ではなかったが(スラッファ経済学の大家ではあったが、マルクスの理論や思想から何らかの重要な影響を受けたとは思われない)、伊東先生は一橋大学の杉本栄一門下生らしくマルクスから多くを吸収しながら分析装置はケインズ理論と寡占理論を組み合わせていた稀有のひとではなかったかと思う(故宮崎義一氏も同様である)。わかりやすくいうと、心情的にはマルクスの思想に近いけれども、経済分析は近代経済学を使っているということだ。昔は、「近経左派」という言葉があったが、それに近い。

伊東先生は、学者生活の途中から経済学史そのものの研究から離れ、現実に根ざした政策論の分野で活躍したが、京大の研究仲間のあいだでマルクス経済学について最も詳しかったのは先生だった。これは断言してもよい。『資本論』何巻の何章に何が書かれているというところまで知っていた。

だが、伊東先生の凄いところは、そういう立場にありながら、財界や中央官庁のトップクラスにアンテナを張っていて、情報をとるのが巧みであったことである。これは誰にも真似できない先生独自の資質だとしか言いようがない。先生はよく「現実問題を論じる者は、現実についての深い知識が必要なのはいうまでもないが、それを必ず理論や学史にひいて独自の判断をしなければならない」と言っていたが、そのせいか、単なる事情通のような経済評論家を決して高く評価しなかった。

また、一昔前、「保守か革新か」の時代には先生は革新派と見なされていた。たしかに、先生は決して保守派ではなかったけれども、同時に革新派に最も厳しい一人だった。このたび先生の昔の本を読み返して改めてそう思った。例えば、「道義的批判から制度改革へ」(もとは、一九七六年九月二〇日、主婦会館における講演)と題された論説は、以下のような文章で終わっている。

「戦前の政治は、義務と服従であった。戦後はそれが要求と権利にかかわった。それは進歩である。しかし要求のなかみは、地域の利益のために全体を無視し、利益誘導で政治が動かされ、動かし、それに応じて政治を利用し金を集める力が異常発達した。それとともに政治を商売として考える政治家があらわれたのである。われわれは、戦後民主主義のなかにある要求と権利の内容を再考しなければならないのではないだろうか。より多く保守においては要求の再考を、革新については権利の内容を、それが連帯と自治に高まるように。」(『経済学は現実にこたえうるか』岩波書店、一九八四年、九一ページ)

伊東先生は、若い頃、河上肇の『貧乏物語』を読んで感銘を受け、理科系から文科系へと志望を変えた人である。人一倍「社会正義」に対する感覚が鋭かったに違いない。だが、指導教授としての先生は、弟子たちに諸々の社会運動に関係することを禁じ、まずはアカデミックな学問をしっかり身につけるべきだと主張していた。もっとも、私は京大時代の先生しか知らないので、それ以前もそうだったかはわからない。だが、アルフレッド・マーシャルの有名なモットー「冷静な頭脳と温かい心」を引き合いに出すならば、「冷静な頭脳」が「温かい心」(「温かすぎる心」というべきか)によって押し流されることを警戒していた。私も先生に倣って自分の教え子には同じアドバイスをしている。

伊東先生は、誠実な社会主義者であった平田清明(一九二二–一九五)を尊敬していたが、決して社会主義の幻想には捕らわれなかった。先生も私もシュンペーターの思想と理論を研究したが、かつて第一次世界大戦後のオーストリアで大蔵大臣の重責を担い、閣内にいる社会主義者たちとの対立で辞任せざるを得なかったシュンペーターを思えば、次のようなナイーヴな社会主義者は真の社会主義者ではないと言うだろう。

「社会主義のパンは、彼らにとっては、それが社会主義のパンであるというだけの理由で、資本主義のパンよりもずっと甘い味がするかもしれない。たとえ彼らがそのパンのなかにはつかねずみを発見したとしても、なおそう感ずるであろう。」（『資本主義・社会主義・民主主義』中巻、前掲、三四八 - 三四九ページ）

「たいていの社会主義者は、一定額の国民所得といえども、社会主義社会のほうが資本主義社会よりもそれをいっそう経済的に利用するという理由で、後者よりも前者においていっそう多くのものを提供するに相違ないと主張するであろう。」（『資本主義・社会主義・民主主義』中巻、前掲、三五一ページ）

文献学的研究

伊東先生は、一橋大学特別研究生の時代、水田洋氏や平田清明氏などを先輩にもっていたので、意外に文献学的研究が好きだった。この傾向は、先生の日本経済論を読んできただけの人には理解できないだろう。たしかに、先生は早期に文献学を離れ、現実のなかの経済学を追究し始めたのだが、「ケインズを借りてイギリス資本主義論」「シュンペーターを借りてドイツ資本主義論」「ワルラスを借りてフランス資本主義論」を成し遂げたいというのが当初の研究計画だった。このうち、ケインズとシュンペーターは本の形で残すことができたが、ワルラスは未完となった。その代わり、数年前、「ガルブレイスを借りてアメリカ資本主義論」をようやく完成した（『ガルブレイス――アメリカ資本主義との格闘』岩波新書、二〇一六年）。先生は、もはや元気な頃の体力はないので、九〇歳を前にしての『ガルブレイス』の完成はまさに執念としか表現のしようがない（先生は、ご承知のように、二〇一二年二月、講演中に心筋梗塞で倒れたが、奇跡的に命を取り留め、その後は「療養中」ながら数冊の単行本を口述筆記で出版した）。

森嶋通夫（一九二三－二〇〇四）が、晩年、京都大学の大学院生を集めて私的な研究会を開いていたが、参加した後輩によると、「伊東さんもやや文献学的な癖がある」と言っていたそうだ。森嶋氏の指摘（というか直観か？）は正しい。私も、大学院生時代に、「マーシャル『経済学原理』の各版対照は誰かやっているのかな？」という類の独り言を何回も聞いたことがある。

ところが、これも意外なことに、菱山先生から文献学的研究についての発言を聞いた記憶がないのである。菱山先生こそ、若い頃、『ケネー全集』や『リカード全集』に取り組み、一部は翻訳さえしたことがあるにもかかわらず、弟子たちに文献学をすすめるのを見たことがない。生前、田中真晴氏から直接聞いたが、「菱山さんの『リカード』は、経済学史というよりも、スラッファ経済学の眼を通したリカード論で、私たちが考えている文献中心の経済学史とは違うな」ということだった。スラッファのマーシャル批判の重要性を強調していた菱山先生は、「合理的基礎」という言葉を持ち出して、ある理論体系を批判するとき、それを構築した理論家の問題意識と採用された分析枠組みを再検討し、そこに「合理的基礎」があるか、それともどこかで矛盾したことを言っていないかなどにとくに留意していたが、これは「経済学史のための経済学史」ではなく「新たな理論構成のための経済学史」というべきもので、本来の文献学とは違うということだろう。それゆえ、菱山先生の経済学史は、経済学史学会では主流にはなれなかったのである。

ジュニア向け新書を書く

京大で教えるようになって二〇年近く経った頃、ようやく未来を担うジュニアたちのための本を書きたいと思うようになった。それまでに、専門書、四六判、新書は書いたことがあったが、ジュニアのための本を書いたことはなかった。実をいえば、岩波書店のある編集者がジュニア新書編集部にいた頃、「一度書いてみませんか」と打診されたことはあったが、その人がすぐ他の編集部に移ってしまったので、立ち消えになっていた。

だが、それから数年経って、今度は筑摩書房の編集者が「ちくまプリマー新書」を書いてみないかと依頼してきた。今度はためらわずに引き受けることにした。ジュニアのための本を書くといっても、私の専門は経済学史なので、そう簡単に読める本にはならない予感があった。しかし、自分が研究したことのなかから、ジュニアにもその問題意識が伝わりやすいような書き方をしようと思った。

そして、出来上がった原稿を読んだ編集部の山野浩一氏（のちに社長をつとめた）が、『経済学はこう考える』というタイトルを付けてくれて、二〇〇九年一月に刊行された。その内容は、以下の通りである。

まえがき
第一章　冷静な頭脳と温かい心
第二章　豊富のなかの貧困――ケインズ革命
第三章　経済学者にだまされないこと
第四章　時流に流されないこと

あとがき

第一章は、ケインズをはぐくんだケンブリッジ学派という強力な研究集団の創設者、アルフレッド・マーシャルの思想と理論を取り扱っている。マーシャルは、限界革命のあと混乱に陥った経済学界を、古典派と限界革命の双方を総合する「需要と供給の均衡理論」によって再統合し、「新古典派」（ケンブリッジ学派と言ってもほとんど同じだが、この言葉は、現在では、マーシャルよりもワルラスを指して用いられることが多い）と呼ばれる経済学の大物として学界に君臨した人である。

章のタイトルには、マーシャルがケンブリッジ大学教授就任講義のなかで使った「冷静な頭脳と温かい心」を選んだ。マーシャルは、ヴィクトリア朝の繁栄の影に隠れた労働者の貧困問題に心を痛めて経済学を志すようになったのだが、「冷静な頭脳と温かい心」は彼の経済問題へのアプローチを巧みに表現している。もっとも、のちにケインズが指摘したように、マーシャルがときに「温かい心」のほうに引き寄せられる傾向はあったが、全体的にみれば、マーシャルほどバランスのとれた経済学者は同時代にはいなかった。マーシャルが「法王」のごとく学界に君臨したゆえんである。

第二章はケインズ革命のやさしい解説を試みたつもりだが、ケインズは、高校の政治経済の教科書のなかに「ニューディール政策を理論的に支えた」とか「赤字財政による公共投資によって不況脱出を図った」とか、誤解を招きやすい説明がいまだに残っているので、少々厄介である。ジュニア向けであろうと、ケインズが貨幣論の専門家として出発したこと、ケインズ経済学が乗数理論と流動性選好説の二つの柱によって支えられていること、そして、自由放任主義は決別したが自由主義を捨てたわけではなく、自由主義の変容を促したことを織り込まなければならない。

タイトルに選んだ「豊富のなかの貧困」という言葉の意味を理解させるのは、意外に難しい。この言葉は、ケインズが初めて使ったわけではないが、『一般理論』の本質を突くキーワードである。「豊富」とは、「潜在的な豊かさ」と考えたほうがよい。「貧困」とは、一九三〇年代の大不況時のように、労働者が大量に失業し、生産設備も遊休している状態のことである。『一般理論』は、「有効需要の原理」を確立することによって、有効需要が不足するならば労働者には非自発的失業を、生産者には生産設備の遊休をもたらすことを論証した。これが現実の「貧困」である。しかし、政府が有効需要を適切に管理し（例えば、不況のときは低金利や公共投資などの対策を講じる）、できるだけ完全雇用に近い状態を実現するならば、「潜在的な豊かさ」を実現することができるのだ。

だが、ケインズは、「自由放任の終焉」は宣言したが、自由主義は決して否定しなかった。政府はマクロの消費性向や投資誘因の管理に専念すればよく、ミクロの経済主体（家計や企業）の意思決定には何も手をつけなくともよかった。その意味で、自由主義の変容を意図したけれども、自由主義それ自体を否定したのではない。

第三章は、ケインズの愛弟子で「左派ケインジアン」としての戦闘的な言論活動で知られた女性の経済学者、ジョーン・ロビンソン（一九〇三－一九八三）を取り上げている。ケインズは左派ではなかったが、J・ロビンソンは、ケインズを超えて左傾化し、みずから「左派ケインジアン」を名乗っていた。ケインズの『一般理論』は、当時の新古典派に欠落していた「雇用の水準」の決定理論を提示することによって不況からの脱出に成功した。「経済学の第一の危機」はこうして克服された。だが、いまや、政府が軍需産業と結びついた「軍産複合体」が出来上がっており、そこでは、「軍事化されたケインズ主義」によって雇用の水準が維持されている。しかし、J・ロビンソンは、軍需産業でいくら雇用が増えても国民の真の福祉とは関係がないので、いまや「雇用の内容」まで問わなければならないのだと主張した。これが「経済学の第二の危機」であると。

J・ロビンソンは、ノーベル経済学賞の創設当時から受賞者の有力候補であり続けたが、左派的な言論活動が災いして受賞を逸したといわれたくらいだが、彼女の名前は、忘れられたノーベル賞受賞者よりも大きいので、受賞するかどうかは本人は頓着していなかっただろう。ジュニアたちには、こんな女性もいたことを知ってほしかった。

第四章は、時流に流される危険性を戒める内容になっている。経済学にも流行があり、経済学界や経済学者も時流に流されやすい傾向がある。新しい動向に関心をもつことは構わないが、とくに政治と結びついたネーミングでときどき登場する「新理論」には十分な警戒心をもって接しなければならない。できるなら時流に左右されず、自分が本当に関心がある問題を大事にし、それを生涯をかけて追究するのが理想だが、そのような経済学者はそれほど多くないのが現状である。こんなことを言ってもジュニアたちには理解されないかと思ったが、後々でもよいから、「時流に流されるな」という言葉の意味がわかることを願っている。

ジュニア向けの新書とはいえ、経済学を取り扱う以上、ある程度は難しい。だが、拙著からはよく入試や予備校の小論文問題の題材が採られているので、それがジュニアたちにとって極端に難しいとは問題作成者も思っていないのではないか。実際、京大生のなかには、これまでにも拙著を何冊か予備校時代に読んだという者がたまにいた。ジュニアたちの理解力を見くびったような新書は書きたくなかったので、少し難しいくらいでちょうどよいと思う。この本は初版はすぐに売り切れて増刷したので、私としては十分に満足である。

経済学の未来

さて、研究者である以上、学問の将来のことが気にかかるが、もう三〇年近く前（正確には二九年前の一九九〇年）、イギリスの伝統ある経済学専門誌『エコノミック・ジャーナル』が創刊一〇〇周年を迎えるに当たって、来るべき次の一〇〇年間のあいだに経済学がどのようになっているか、一流の経済学者たちに予測してもらった特集号を組んだことがある（のちに本になり、日本語版も出た。J・D・ヘイ編『ヒューチャー・オブ・エコノミックス』鳥居泰彦監修、同文書院インターナショナル、一九九三年）。

興味深いことに、森嶋通夫、フランク・ハーン、エドモン・マランヴォーなど、一般均衡理論への貢献で知られる経済学者が、口をそろえたかのように、来世紀の経済学は社会学や心理学など隣接領域の成果を採り入れて発展していくだろうと予測していたことである。

例えば、森嶋氏は、一般均衡理論が前提にしている効用最大化や利潤最大化の二つは西欧合理主義の産物だが、来世紀はそれに対する執着を捨てて、経済システムとエトスの関係を社会学的・心理学的に考察する方向へと進むだろうと予測した。晩年の森嶋は、経済学と社会学の相互交渉に関心をもち、高田保馬、パレート、シュンペーターなどの仕事を評価したので、別に驚くべき予測ではない。だが、森嶋好みの「経済社会学」ばかりでなく、今日、経済学と心理学との協同で大きな成果を上げた行動経済学や、脳科学と協同した神経経済学、等々の台頭をみると、彼らの予測がかなりの程度当たっていたことに驚かされる。

二〇一四年度のノーベル経済学賞受賞者で、現在はフランスのトゥールーズを拠点に活躍しているジャン・ティロールは、最近の本のなかで経済学にできることとできないことを率直に語っているが、ティロールは、一九九〇年の時点で経済学の将来を予測した学者たちの期待通りの仕事を成し遂げたと言ってもよい。彼は次のように言っている。

「近年では、経済学者は行動経済学や神経経済学の研究を手がかりに、心理学に接近している。このように方法論に立ち戻ることになったのは、人間の行動についての理解を深める必要に迫られたからにほかならない。ホモ・エコノミクスにせよ、ホモ・ポリティクス（政治的人間）にせよ、理論で予想されたほど合理的にふるまうわけではないことがわかってきた。考えるときにも決断を下すときにも、ほとんどの人は偏りや癖があったり、不合理だったりする。ここ二〇年ほど、経済学は他の社会科学も視野に収め、その知見を取り込むようになった。これはじつにまともな姿勢である。いくらか挑発的な言い方をすれば、文化人類学、法学、経済学、歴史学、哲学、心理学、政治学、社会学は、たった一つの学問を形成しているにすぎない。なぜなら、これらの学問はみな同じ対象を、すなわち人間、集団、社会を扱っているからだ。

経済学者が社会科学と人文科学に足を踏み入れたからといって、兄弟関係にある学問を征服しようというのではない。学問にはそれぞれに特性があり、社会科学と人文科学の多くはあまり定量的ではない。すなわち、体系的な理論分析やデータの統計処理になじまない。より決定的なちがいは、社会科学と人文科学の研究者は、方法論的個人主義の原則に必ずしも従わないことだ。方法論的個人主義の考え方では、個人が所属する集団のインセンティブや行動を理解するには、まずは個人のインセンティブと行動から出発しなければならない。経済学者にとってこの原則は大前提であるのに対し、他の社会科学や人文科学ではそうではない。社会科学と人文科学の範疇に収まるさまざまな学問は、互いに他の学問を受け入れ、互いをゆたかにすべきであろう。個人の行動や社会現象について、経済学者は他の分野から多くを学ぶべきだ。また逆に経済学の成果は、他の学問に新しい視点を提供できるだろう。」（ジャン・ティロール『良き社会のための経済学』村井章子訳、日本経済新聞出版社、二〇一八年、一四四－一四五ページ）

経済学の成果に決して胡坐をかくことなく、他の隣接領域にも目配りしながら将来に向かって研究を続けている姿は、現代経済学者の理想像といっても過言ではない。一昔前は、経済学の思考法が他の社会現象を全て征服すると誇っていた「経済学帝国主義」的な言説が巷で勢力をもっていた。現在、経済学研究の最先端で活躍している人たちの多数は、そのような狭い考え方には同意しないだろう。

コラム⑥　故菱山泉先生の思い出

菱山泉先生が亡くなって一年を過ぎたが、その間、雑誌に追悼文(「経済学〝京都学派〟の父——故・菱山泉先生を偲ぶ」『経済セミナー』二〇〇七年五月号)を書いたり、菱山会で追悼講演(二〇〇七年一〇月一四日)をおこなったりしたので、これ以上何を書くべきか、実のところ、途方に暮れてしまった。一年という時間は、十分に「長い」のかもしれないが、私は、本当の思い出を語るには「短すぎる」と思っている。そこで、本稿では、生前の菱山先生がスラッファに倣ってよく口にした「合理的根拠」という言葉の意味を、幾つかの例を挙げながら考えてみることにしたい。

菱山先生の若い頃の名著に『近代経済学の歴史』(有信堂、一九六二年、のちに、講談社学術文庫、一九九七年)があるが、そのなかの二つの章がマーシャルにあてられている。しかし、二つの章のなかでも、菱山先生らしさがよく表われているのは、「ケンブリッジ費用論争」を扱った第二章である(以下、同書のページ数は、学術文庫版からとる)。

「収益逓増のもとでの競争均衡」をいかに論証するかというのが、マーシャルの出発点であったが、収益逓増の根拠を企業の「内部節約」に求めると、その企業が次第に市場のなかで完全独占の地位を占めるようになり、自由競争の仮定と両立しないので、マーシャルは、収益逓増の根拠を主に「外部節約」に求めた。これは、マーシャル経済学を学んだ者なら誰でも知っている事柄である。だが、ここに、スラッファの批判（「競争的条件のもとでの収益の法則」『エコノミック・ジャーナル』一九二六年一二月号）が登場する。

スラッファの批判もよく知られているので、かいつまんでいえば、マーシャルの「部分均衡分析」の枠組みを受け入れるとすると、外部節約の効果が一定の産業を超えて波及しないような、「ある産業に特有の外部節約」（六六ページ）があれば、なるほど「収益逓増のもとでの競争均衡」も成り立つかもしれないが、しかし、そのように都合のよい外部節約は、「現実ばなれのした抽象」（六六ページ）であるというのである。

スラッファは、結局、マーシャルの部分均衡分析の枠組みをとる限り、自由競争と両立するのは「収益不変」の場合のみであること、そして、もし自由競争の仮定を外すとすれば、なんらかの独占分析を導入して内部節約の現実を捉えるしかないことを明らかにした。この鋭い批判が、ケンブリッジ費用論争の発端であったことはいうまでもない。

本稿は、その論争の詳細に立ち入るのが目的ではない。それよりも、私が注意を喚起したいのは、ある人物の理論を批判するときに、スラッファや菱山先生が「合理的根拠」という言葉を持ち出したことである。

マーシャルの『経済学原理』（一八九〇年、

一九二〇年の第八版まで版を重ねた）、とくに「需要と供給の均衡」に関係のある第五編を実際に読んでみると、マーシャルが最初に自由競争を仮定しながらも途中から少しずつその仮定から離れているのがわかる。マーシャルは何よりも「現実的」であることを心掛けていたので、農産物を扱うときと工業製品を扱うときとでは想定されている競争の中味が微妙にずれてしまうのだが、しかし、根っからの「理論家」の眼には、「収益逓増のもとでの競争均衡」という問題を部分均衡分析の枠組みで考察するとして出発したからには、そのような仮定の「ぶれ」は認めがたいように思えたに違いない。スラッファは、そのような「曖昧さ」を決して容認しなかった。

スラッファは、マーシャルみずからが打ち立てた理論的枠組みを再構成しながらその矛盾点を突いていくという方法論をとっているので、マーシャルがそもそも厳密な自由競争の仮定をとっていないなどのマーシャル擁護派の反論はほとんど「反論」にはなっていないのだ。

このような「合理的根拠」の意味は、いわゆる「文献学者」にはなかなか理解してもらえないので、もう一つ例を挙げてみよう。

今日では、ケインズ経済学の形成史は微に入り細をうがつようなところまで進んでいるが、よく指摘されるのは、ケインズよりも早くピグーやロバートソンが「公共投資」を提言しているので、いわゆる「ケインズ政策」はケインズの独創ではないということである。

たしかに、ケインズの『一般理論』以前に

も、ピグーやロバートソンの景気循環論があり、そこでは、一時的に景気が落ち込んだ場合の対策として公共投資が支持されている。だが、彼らは、『一般理論』のように、完全雇用に至る前に経済システムが「静止」してしまう（新古典派は好まない言葉だが、「不完全雇用均衡」といってもよいし、「非自発的失業」の発生といってもよい）可能性を論証していないので、公共投資が必要になる「合理的根拠」を提示してはいないのだ。ケインズが、彼らはなぜ自分たちの理論からは導き出せない政策を提言するのかと疑問を呈したゆえんである。こうしてみると、ケインズも、スラッファと同じように、「合理的根拠」を重視していたことがわかる。

菱山先生の大津坂本のご自宅を訪ねたことがある方ならご存じだろうが、リビングルームには必ずスラッファの写真が飾ってあった。眉に特徴のある、よく見かける写真である。雑談のとき、スラッファの『商品による商品の生産』（一九六〇年）が本当の意味で理解されるには少なくとも五〇年の時間が必要だろうと仰った。出版から五〇年というと、もうあと二年先に迫っているのだが、残念ながら、いまのスタンダードな経済学教科書のなかには、スラッファの問題提起に触れているものはないといっても過言ではない。

どうしてこうなってしまったのかと考えてみると、イギリスのケンブリッジ大学の経済学者たち（とくに、ジョーン・ロビンソンを筆頭とする「左派ケインジアン」）が、サムエルソンの「新古典派総合」（ロビンソンは「俗流」といって蔑視していたが、アメリカの「ケインジアン」の多くはこの立場に立っていた）に対してあまりにも非寛容な姿勢をとったために、ケインジアン分裂の帰結としてロバート・ルーカスたちによる「ケインズ反革命」を許してしまったのではないかと思う。たしかに、両者は簡単に「対話」できない面はあるが、もしお互いの良さを認め合う方向に進んでいたら、その後の経済学の流れは変わっていたかもしれない。（とくに、サムエルソンは、New Palgrave の経済学辞典のなかでスラッファ経済学の項目を担当しているくらいなので、たとえ解釈が違ったとしても、「対話」の可能性はあったと思う。）

ところで、「合理的根拠」という言葉は、菱山先生の京都大学での定年退官講義（一九八七年二月）のなかでも、繰り返し発せられたので、それを聴いていた研究者の方々にも強烈な印象を与えたかもしれない。講演のあと、私は、伊東光晴教授や故田中真晴氏たちが京大会館の地下でお茶を飲んで雑談する席の隅のほうにいたのだが、「文献派」の田中氏はなかなか「合理的根拠」には納得がいかないという顔をしていたが、伊東教授は今後も使える？言葉を学んだとご満悦の様子であった。経済学史家が文献を重視しなければならないのは言うまでもないことである。だが、スラッファのマーシャル批判や、ケインズの「古典派」批判などを扱うときは、単にどこそこの文献にこう書いてあるからというだけでは、本当の意味での反論にはならない場合が多い。これこそが菱山先生の経済学史の屹立した特徴のように思われる。

それゆえ、経済学史家としての菱山先生の仕事は、内田義彦がいうような「弁護士型の学説史家」には受けがよくないかもしれないが、「学史のための学史」ではなく、現代経済学の再検討のために経済学史を学ぶ研究者たちには示唆に富む視点を提供してくれるだろう。菱山先生からは実に多くの事柄を学んだが、煎じ詰めれば、「合理的根拠」の重要性ということになるのではなかろうか。

（「鹿児島経済論集」第四九巻第一号、二〇〇八年六月）

エピローグ——再び読書について

大学教授はふだん本を読んだり書いたりしているのが職業だと思われている。だからこそ、どんな本を読んできたか、どんな読み方をしてきたかなどについて訊かれるのだろう。ところが、本書にも書いた通り、誰にでも当てはまる本の読み方などはないと思う。それにもかかわらず、世に読書論がいろいろ出るのは、他人の経験談を聞くことが、自分に合った読書法を確立していく上で役に立つからだろう。

小泉信三と小林秀雄の読書論

私が初めて読んだ読書論は、おそらく、小泉信三『読書論』（岩波新書、一九六四年）ではないかと思う。昔は「岩波新書」はその分野での「決定版」といってよいほどの権威があった。だが、残念ながら、この本は、私にはそれほど大きな影響は与えなかった。私は割と記憶力がよいので、いままで読んだ本のほとんど全部か少なくとも一部は覚えているのだが、小泉氏の文章は立派ではあっても印象には残らなかった。

私が気に入ったのは、前に触れた小林秀雄氏の『読書について』である。この本は、「僕は、高等学校時代、妙な読書法を実行していた」という文章から始まるが、その内容は、自分の読書法とそれほど変わらなかったからだ。小林氏は、電車のなかで読む本、教室でひそかに読む本、家で読む本と区分して、同時に何冊かの本を読んでいたというのだが、私も早い時期から、机の上で読む本（洋書や学問の本）、電車で読む本（文庫や四六判の本）、寝る前のベッドに横になって読む本（歴史小説やエッセイなど）を区別していたからだ。小林氏は、「読書について」と題するエッセイ（初出は「文藝春秋」一九三九年四月）において、続けて次のように言う。

「まことに馬鹿気た次第であったが、その当時の常軌を外れた知識欲とか好奇心とかは、到底一つの本を読み了ってから他の本を開くという様な悠長な事を許さなかったのである。

だが、今日の様に、思想の方向も多岐に渉って乱れ、新刊書の数も非常に増して、読書の仕方とか方法とかについて戸惑っている多くの若い人達を見るにつけ、僕は考えるのだが、自分が我武者羅にやった方法などは、案外馬鹿気た方法ではなかったかも知れぬ、と。若しかしたら、読書欲に憑かれた青年には、最上の読書法だったかも知れないとも思っている。」(『読書について』中央公論新社、二〇一三年、九‐一〇ページ)

私は、とくに「常軌を外れた知識欲や好奇心」があったわけではなく、読書量が増えるにつれて自然と自分の読書法を身につけたので、小林氏のように「馬鹿気た」方法だと思ったことはないのだが、ちょっとした「資源配分の原理」を知っていれば、同じ本をずっと読み続けるのはあまり経済的ではないことがわかる。常識的に考えても、同じ本を数時間も読み続ければ飽いてくるだろうし、別の本に移ったほうがずっと面白いはずだ。そんな試行錯誤を経たのちに、自分なりの読書法が決まってくるのだと思う。読書の方法などに気を煩わせるよりは、自分の気に入った本を手当たり次第に濫読してはどうかと言ってみたくもなる。

電子書籍の功罪

だが、近年の技術の進歩は凄まじい。小林氏の時代になかったものといえば、「電子書籍」だろう。私は紙の本には人並み以上に愛着があるつもりである。だが、電子書籍は、使い方次第では実に役に立つ発明ではないだろうか。もし私が学者ではなく単なる読書愛好家だったとしたら、とくに気に入った作品だけを紙の本でもって、あとは全部電子書籍で満足するかもしれない。

学者や研究者は、本や論文を書くに当たって使うべき資料をそばに置いておかねばならない。現状では、すべての本や論文を電子形式で揃えることはできないので、少なくとも専門書はすべて紙の本で揃えておかなければならない。だが、すでに著作権の切れた古典的名著の場合は、廉価ないし無料の電子書籍が利用できるようになった。経済学史を例にとるなら、スミス、リカード、マーシャルなどはもう著作権のないパブリック・ドメインに入っているので、Kindleひとつあれば、いつでもどこでも読むことができる。小説でも作家の著作権は現時点では死後五〇年（死後七〇年に延長されそうだが）で切れるので、それ以降は例えば青空文庫で無料で読むことができる。夏目漱石や芥川龍之介などが読みたいと思えば、いつでもすぐに出てくるのだ。Kindleがほとんど動く図書館になったといっても過言ではない。

もっとも、専門書や専門論文を書く場合は、ちゃんとした文献考証が必要なので、現状では紙の本がどうしても必要だ。だが、旅先でエッセイを依頼されたとき、手元に紙の本がなくとも、Kindleを取り出せば、必要な古典はほとんどすべて揃っていることになる。実際、ある新聞社から依頼されたエッセイの類をKindleに入っている古典を参照して書いたことはあるし、今後も充分にあり得るだろう。こんな便利なものを利用しない手はない。電子書籍では赤線も引けないし書き込みもできないという「初心者」のような不平をいう人はいるが、いまの電子書籍の端末はもっと便利にできているので、一度売り場で説明を聞くことをすすめる。

だが、紙の本と違って、電子書籍ではきわめて重要な「感触」が失われる。例えば、私は紙の本で読んだケインズの『一般理論』やシュンペーターの『経済発展の理論』であれば、どこに何が書かれているか、手の感触が覚えているので、すぐに取り出すことができる。たしかに、電子書籍でも検索機能があるので、探せないわけではない。しかし、それは便利すぎるのが逆に欠点なのである。例えば、『一般理論』を電子書籍で取り出して「有効需要の原理」と検索をかければ、ヒットするページ数がたくさん出てくるはずだ。

だが、私が読みたいのは、そのなかの一つに過ぎない。紙の本なら、『一般理論』のどの辺に出てくる有効需要の原理なのか、一発で指さすことができる。そのページには線引きがあったり書き込みがあったり、古い本なら少し汚れたりもしているかもしれないが、私にとっては大切な本である。何物にも代えがたい。

好きなものを読めばよい

読書は、何度も繰り返すように、自分の好きな本を読めばよいのである。だが、比較的読書量の多い人にときどき起こるが、自分が苦手であまり手を出さなかった分野の読書量が欠けていることを恥じるようになりやすい。例えば、高校の頃の世界史の先生が嫌いだったので、世界史まで嫌いになった人がいたとしよう。世界史に弱いと、フランス革命時の宮廷が主な舞台の映画の時代背景がわからないし、また、潔癖ではあったが独裁者となった清教徒革命の主人公、オリバー・クロムウェルの歴史的評価などはお手上げである。

私は日本史も世界史も好きだったので、嫌いな人向けのアドバイスになるかわからないが、歴史を時代順に記した教科書のような本を読んでも歴史嫌いはなおらないと思う。私は、例えば世界史なら、川北捻『砂糖の世界史』（岩波ジュニア新書、一九九六年）のようなジュニア向けの名著を読んでみることをすすめたい。実は、この本が出たとき、私は毎日新聞に次のような書評を書いたのだが、この書評は、その直後、高校の世界史教育関係の小冊子に転載されたのでよく覚えている。さらに、その本は図書館の推薦図書にもなり、ベストセラーとして現在も版を重ねている。

『砂糖の世界史』川北稔著（岩波ジュニア新書、一九九六年）

岩波ジュニア新書が創刊されたのは、一七年前の一九七九年のことだったが、当時と現在を比較すると、「ジュニア」の名で括られる若い人たちの年齢が少々上がってきたのではないかと思う。創刊当時は、執筆者も出版社も、「ジュニア」とは、文字通り、中高生のことを指すと考えていたに違いない。しかし、現在では、ジュニア新書がどこその大学のテキストとして使われている事実に典型的に表われているように、何時の間にか、短大や大学初年時の学生たちを含めて「ジュニア」という言葉を使うようなご時世になってしまった。

しかし、大人がジュニア新書を読むのは、決して悪いことではないかもしれない。先ごろ亡くなった司馬遼太郎は、まず、子供向けのサイエンスの本を読んで本質を掴み、その後で専門書に入ると実によくわかると言っていたというではないか。ここに取り上げる川北稔氏の『砂糖の世界史』も、中高生ばかりでなく、大学生やサラリーマンたちが読んでも学ぶことが多いはずである。というのは、この本のベースになっているのは、イマニュエル・ウォラーステインの「世界システム」論（近代の世界をひとつながりのものと見なす考え方）とシドニー・ミンツの「歴史人類学」（歴史上の人々の暮らしの実態をモノや慣習などを通じて詳しく観察する学問）なのだが、その両方とも、中学や高校の歴史ではほとんど教えられることのないものだからである。

ところで、砂糖は、一九世紀に砂糖大根（ビート）がつくり出される前は、ほとんどが熱帯や亜熱帯に適した砂糖きびから採取されていたが、砂糖きびの生産には、命令の行き届きやすい膨大な人数の労働力が必要だったので、砂糖が「世界商品」となるにつれて、奴隷のような強制労働を使い、プランテーション（大農園）の形で大規模経営を行なう方法が広く展開されるようになった。

かつては宝探しと鉱山開発の場だったカリブ海も、一七世紀に入ると、砂糖きびの栽培が始まり、ほんの少数の白人監督たちとアフリカから連れてこられた大量の黒人奴隷の社会へと変貌していった。当時、イギリスのリヴァプールを出発した奴隷貿易船は、アフリカでそこの奴隷と交換に鉄砲・ガラス玉・綿織物などを提供し、次に、獲得した奴隷を南北アメリカやカリブ海域で売り、そこで獲得した砂糖を母港リヴァプールにもって帰るという「三角貿易」を行なっていたが、そのような奴隷貿易によって初めて、アフリカ・ヨーロッパ・アメリカの三大陸が本格的に結び付けられた事実を忘れてはならないだろう。

さて、砂糖は、当初は、薬品や飾り物として珍重されていたが、一七世紀以降のイギリスで、アジアの東の端で採れた茶と、西の端のカリブ海の砂糖との「ランデヴー」(出会い)が実現した。というのは、一七世紀の初め頃までは、まだまだ高価だった茶や砂糖は、十分に「ステイタス・シンボル」の役割を果たしたので、紅茶に砂糖を入れることによって二重の効果が期待できたからである。もちろん、その後、「砂糖入り紅茶」は、上流階級ばかりでなく産業革命後の労働者にとっての典型的な朝食にも欠かせないものとなっていったが、しかし、そのようなイギリスの生活様式の確立は、イギリスが一八世紀半ばまでにヨーロッパの外部の世界に築いた植民地帝国の上に立つ国になっていく事実(つまり、イギリス中心の「近代世界システム」の成立)と離れ難く結び付いていたのである。

「こうして、「砂糖入り紅茶」は、一九世紀になるとジェントルマン階級のシンボルとしての意味と、工場労働者に代表される民衆の労働や生活のシンボルとしての意味を、あわせもつという、ちょっとみたところ、奇妙なことが起こったのです。カリブ海におけるアフリカ人奴隷の労働やアジアの貧しい農民は、当初、イギリスのジェントルマン階級のステイタス・シンボルを提供していたはずなのに、ついには、都市のスラムのような生活環境のなかで、きびしい労働時間に追われる、イギリス労働者の生活そのものを支えることになったのです。世界で最初の産業革命はたしかにイギリスに起こりましたが、それはイギリス人だけが勤勉だったからそうなったのではありません。イギリスの産業革命は、近代世界システムのうえにこそ成立したのです。」

このような考え方は、中高生ばかりでなく、もしかしたら、主にマルクス主義の歴史学によって教育された年輩のサラリーマンたちにとっても目新しいものかもしれない。また、砂糖のようなモノを通じて見た歴史では、政治を動かすような上流階級というよりは、下層の民衆の生活に焦点が当てられる場合が多いので、クロムウェルとかナポレオンとか、偉大な人物を中心にして書かれた歴史を好む人たちには受け入れられにくいかもしれない。しかし、歴史に限らず、どんな学問でも、唯一の理論ですべてがわかるほど単純ではないので、この種の歴史に馴染めない年輩の方々も、異なる立場から学ぶ態度を忘れないで欲しいと思う。（「毎日新聞」一九九六年九月九日）

このようなジュニア新書を読んだことがきっかけで、もしかしたら世界史への新鮮な興味がわくかもしれない。あの司馬遼太郎も、初めにジュニア向けの科学の本を読んで基本を学んでから大人向けの科学の本を読んだら実にわかりやすかったと言っていたらしい。前の章で、私もジュニア向けの新書を書いてみたかったことに触れたが、実は、ジュニア向けの本には隠された名著が少なくないのである。例えば、松本清張の推理小説のファンでも、同じ作家が子供向けの『徳川家康――江戸幕府をひらく』（講談社火の鳥伝記文庫、一九八二年）を書いていることは知らないものだ。古本屋でこのような本を探り出すのは案外得意である。

要は、ジュニア向けの本だろうが、大人向けの本だろうが、何でもよいのである。「自分にとって」本当に面白く繰り返し読むに値すると思える本を少しずつでも着実に増やしていき、自分のライブラリーを作った人こそ、「読書家」の名に値するのではないだろうか。

継続が肝心

こんなことを書くと、きわめて多忙なビジネスマンから「本を読む時間がない」とこぼされることが多いが、時間なら三〇分でも一時間でもよいから無理してでも作ったほうがよい。三〇分でも毎日継続的に読書に励めば、一年、五年、十年と経つうちに大きな力となるだろう。

同じようなアドバイスが、故渡部昇一氏がよく引き合いに出した、P・G・ハマトンの『知的生活』渡部昇一・下谷和幸訳（講談社学術文庫、一九九一年、原著は一八七三年刊行）のなかにもある。ただ、テレビもインターネットもなかった時代のハマトンは、一日二時間の読書を推奨している。これは第一線で活躍するビジネスマンには厳しい要求だ。睡眠時間を削るのはメンタルヘルスに悪影響を及ぼすので、すすめられない。二時間は無理だろうから、せめて三〇分、できれば一時間の時間を作ってほしい。三〇分でも長年実践していれば、新書一冊くらいは読めるようになる。専門書でも三〇分で一章ほど読めるようになれば、遠からずその本は読み終わる。この経験を積み重ねていかねばならない。継続が大事である。毎日継続することはもちろん、読書が中断されてもならない。この点、ハマトンのいうことは本質を突いている。

「読書の場合に中断によってもたらされる悪影響は、普通の仕事の場合の悪影響とまったく別物と考えなければなりません。中断によって大きな問題となるのは、そのために注意が他の事実に向けられるということではなく、頭脳全体の調子がまったく狂わされてしまうということなのです。商売人はどうしても絶えず関心の対象が変ります。たとえば、文房具屋は一分おきに便箋や封筒や鉄ペンのことを次から次と尋ねられる。彼の頭の中で考えることは目まぐるしく変る。しかし、全体的にみれば彼の考えていることは少しも変っていないのです。彼の肉体が常に店の中にあるように、彼の考えていることも店のことだけです。ある問題を検討していた弁護士が、別の問題を持ち込んできた依頼人によって仕事が中断されるのは、商人の場合よりももっと耐え難いことでしょう。しかし、この場合も大きくみれば、弁護士の考えることは法律問題であるのだから、たいした障害にはなりません。けれども、われわれの時代とは遠く離れた過去の時代、異なった文明に属する著者の作品を熱中して読んでいるとしてみて下さい。そして、五百人の委員からなる法廷。純粋なギリシャ風建築。興味をもって見守る民衆。憎むべきメレトス。妬み深い敵。悲しみにくれる愛すべき友人たち、その名は永遠にいとおしくわれわれの胸に刻み込まれている。そして、法廷の中央には、一年中乞食のように安物のありふれた布をゆるやかにまとった人物がいます。容貌は醜いが、その態度は勇気に満ち堂々としている。いかなる名優もまねはできないでしょう。毅然とした声が聞こえてくる。

ところで、この男は私には死刑が相当だと提議しておる。いいだろう。

ソクラテスが、自分の刑として国の迎賓館で食事をさせてもらうことこそ至当であると述べる行をちょうどあなたは読みつつあるのです。そして、誰にも邪魔されずに最後まで読みおえることができれば、その間あなたは高貴な喜びを味わうことになるでしょう。その喜びこそ知的努力の報酬なのです。しかし、もし昼間、女子供のいる所で読むなら、あるいは、こまごました仕事が次から次へと押しつけられるような所で読んでいれば、あなたが頭の中に描いていた想像の世界は、必ずなんらかの形で無礼にも破壊され、突如日常の世界に引き戻されることでしょう。そして、決して最後まで読みおえることはできません。そうした場合の苦痛を味わったことのない人間には、この知的損失の大きさは想像することなどできません。人は、中断というのは、電線が切れたことぐらいにしか思わない。なるほど電線はもう一度つなげば、元通り電流は流れるが、知的な想像力を働かせる研究者にとって、中断された思考は、そんなうまい具合に元通りになるものではないのです。それは絵が破られるようなもので、二度と再び元にはもどりません。」（『知的生活』、前掲、二一三‐二一四ページ）

ここまで書いてきて、読書法や読書の本質については、すべて過去の偉人たちが必要なことはほとんどすべて語ってくれていることに気づく。あとは、それを参考に、自分でどのように「実践」するかだけである。実践の過程で自分なりの工夫も思いつくだろうし、それはどんどん採り入れたほうがよい。

私も清水幾太郎先生の読書法に学んで模倣した部分もあるが、自分には合わずに模倣できなかったこともある。「何を読むべきか」「どのように読むべきか」などを初めから思い煩ってはいけない。自分の好きな本を好きな方法で読めばよいのだ。それを何十年も続けていたら、後から振り返って、読書法に悩んだ時間は無駄であったと思うに違いない。それでよいのだ。

マ　行

ヤ　行

ラ　行

ワ　行

ナ　行

ハ　行

サ　行

タ　行

人名索引

ア行

カ行

著者略歴

根井雅弘（ねい　まさひろ）
1962年、宮崎県生まれ。早稲田大学政治経済学部卒業、京都大学大学院経済学研究科博士課程修了（経済学博士）。現在、京都大学大学院経済学研究科教授。著作に、『経済学者はこう考えてきた　古典からのアプローチ』（平凡社新書）、『英語原典で読む経済学史』（白水社）、『来るべき経済学のために』（橘木俊詔との共著、人文書院）、『ブックガイド基本の30冊　経済学』（編著、人文書院）など多数。

経済学者の勉強術
いかに読み、いかに書くか

二〇一九年一月二〇日　初版第一刷印刷
二〇一九年一月三〇日　初版第一刷発行

著　者　根井雅弘
発行者　渡辺博史
発行所　人文書院
〒六一二‐八四四七
京都市伏見区竹田西内畑町九
電話〇七五・六〇三・一三四四
振替〇一〇〇〇‐八‐一一〇三

装　幀　間村俊一
装　画　山内有記美
印刷所　モリモト印刷株式会社

落丁・乱丁本は小社送料負担にてお取り替えいたします

ISBN978-4-409-24123-3 C0033